INDONESIO
VOCABULARIO

ESPAÑOL-INDONESIO

Las palabras más útiles
Para expandir su vocabulario y refinar
sus habilidades lingüísticas

3000 palabras

Vocabulario Español-Indonesio - 3000 palabras más usadas

por Andrey Taranov

Los vocabularios de T&P Books buscan ayudar en el aprendizaje, la memorización y la revisión de palabras de idiomas extranjeros. El diccionario se divide por temas, cubriendo toda la esfera de las actividades cotidianas, de negocios, ciencias, cultura, etc.

El proceso de aprendizaje de palabras utilizando los diccionarios temáticos de T&P Books le proporcionará a usted las siguientes ventajas:

- La información del idioma secundario está organizada claramente y predetermina el éxito para las etapas subsiguientes en la memorización de palabras.
- Las palabras derivadas de la misma raíz se agrupan, lo cual permite la memorización de grupos de palabras en vez de palabras aisladas.
- Las unidades pequeñas de palabras facilitan el proceso de reconocimiento de enlaces de asociación que se necesitan para la cohesión del vocabulario.
- De este modo, se puede estimar el número de palabras aprendidas y así también el nivel de conocimiento del idioma.

T&P Books Publishing
www.tpbooks.com

ISBN: 978-1-78616-498-8

Este libro está disponible en formato electrónico o de E-Book también.
Visite www.tpbooks.com o las librerías electrónicas más destacadas en la Red.

VOCABULARIO INDONESIO
palabras más usadas

Los vocabularios de T&P Books buscan ayudar al aprendiz a aprender, memorizar y repasar palabras de idiomas extranjeros. Los vocabularios contienen más de 3000 palabras comúnmente usadas y organizadas de manera temática.

- El vocabulario contiene las palabras corrientes más usadas.
- Se recomienda como ayuda adicional a cualquier curso de idiomas.
- Capta las necesidades de aprendices de nivel principiante y avanzado.
- Es conveniente para uso cotidiano, prácticas de revisión y actividades de auto-evaluación.
- Facilita la evaluación del vocabulario.

Aspectos claves del vocabulario

- Las palabras se organizan según el significado, no según el orden alfabético.
- Las palabras se presentan en tres columnas para facilitar los procesos de repaso y auto-evaluación.
- Los grupos de palabras se dividen en pequeñas secciones para facilitar el proceso de aprendizaje.
- El vocabulario ofrece una transcripción sencilla y conveniente de cada palabra extranjera.

El vocabulario contiene 101 temas que incluyen lo siguiente:

Conceptos básicos, números, colores, meses, estaciones, unidades de medidas, ropa y accesorios, comida y nutrición, restaurantes, familia nuclear, familia extendida, características de personalidad, sentimientos, emociones, enfermedades, la ciudad y el pueblo, exploración del paisaje, compras, finanzas, la casa, el hogar, la oficina, el trabajo en oficina, importación y exportación, promociones, búsqueda de trabajo, deportes, educación, computación, la red, herramientas, la naturaleza, los países, las nacionalidades y más ...

TABLA DE CONTENIDO

GUÍA DE PRONUNCIACIÓN

La letra	Ejemplo indonesio	T&P alfabeto fonético	Ejemplo español
Aa	zaman	[a]	radio
Bb	besar	[b]	en barco
Cc	kecil, cepat	[ʧ]	mapache
Dd	dugaan	[d]	desierto
Ee	segera, mencium	[e], [ə]	viernes
Ff	berfungsi	[f]	golf
Gg	juga, lagi	[g]	jugada
Hh	hanya, bahwa	[h]	registro
Ii	izin, sebagai ganti	[i], [j]	ilegal, asiento
Jj	setuju, ijin	[dʒ]	tadzhik
Kk	kemudian, tidak	[k], [ʼ]	charco, oclusiva glotal sorda
Ll	dilarang	[l]	lira
Mm	melihat	[m]	nombre
Nn	berenang	[n], [ŋ]	número, manga
Oo	toko roti	[o:]	domicilio
Pp	peribahasa	[p]	precio
Qq	Aquarius	[k]	charco
Rr	ratu, riang	[r]	rumbo
Ss	sendok, syarat	[s], [ʃ]	salva, shopping
Tt	tamu, adat	[t]	torre
Uu	ambulans	[u]	mundo
Vv	renovasi	[v]	travieso
Ww	pariwisata	[w]	acuerdo
Xx	boxer	[ks]	taxi
Yy	banyak, syarat	[j]	asiento
Zz	zamrud	[z]	desde

Las combinaciones de letras

aa	maaf	[aʼa]	a+oclusiva glotal sorda
kh	khawatir	[h]	registro
th	Gereja Lutheran	[t]	torre
-k	tidak	[ʼ]	oclusiva glotal sorda

ABREVIATURAS
usadas en el vocabulario

Abreviatura en español

adj	-	adjetivo
adv	-	adverbio
anim.	-	animado
conj	-	conjunción
etc.	-	etcétera
f	-	sustantivo femenino
f pl	-	femenino plural
fam.	-	uso familiar
fem.	-	femenino
form.	-	uso formal
inanim.	-	inanimado
innum.	-	innumerable
m	-	sustantivo masculino
m pl	-	masculino plural
m, f	-	masculino, femenino
masc.	-	masculino
mat	-	matemáticas
mil.	-	militar
num.	-	numerable
p.ej.	-	por ejemplo
pl	-	plural
pron	-	pronombre
sg	-	singular
v aux	-	verbo auxiliar
vi	-	verbo intransitivo
vi, vt	-	verbo intransitivo, verbo transitivo
vr	-	verbo reflexivo
vt	-	verbo transitivo

CONCEPTOS BÁSICOS

1. Los pronombres

yo	saya, aku	[saja], [aku]
tú	engkau, kamu	[eŋkau], [kamu]
él, ella, ello	beliau, dia, ia	[beliau], [dia], [ia]
nosotros, -as	kami, kita	[kami], [kita]
vosotros, -as	kalian	[kalian]
Usted	Anda	[anda]
Ustedes	Anda sekalian	[anda sekalian]
ellos, ellas	mereka	[mereka]

2. Saludos. Salutaciones

¡Hola! (fam.)	**Halo!**	[halo!]
¡Hola! (form.)	**Halo!**	[halo!]
¡Buenos días!	**Selamat pagi!**	[slamat pagi!]
¡Buenas tardes!	**Selamat siang!**	[slamat siaŋ!]
¡Buenas noches!	**Selamat sore!**	[slamat sore!]
decir hola	**menyapa**	[mənjapa]
¡Hola! (a un amigo)	**Hai!**	[hey!]
saludo (m)	**sambutan, salam**	[sambutan], [salam]
saludar (vt)	**menyambut**	[mənjambut]
¿Cómo estás?	**Apa kabar?**	[apa kabar?]
¿Qué hay de nuevo?	**Apa yang baru?**	[apa yaŋ baru?]
¡Hasta la vista! (form.)	**Selamat tinggal!**	[slamat tiŋgal!],
	Selamat jalan!	[slamat dʒalan!]
¡Hasta la vista! (fam.)	**Dadah!**	[dadah!]
¡Hasta pronto!	**Sampai bertemu lagi!**	[sampaj bərtemu lagi!]
¡Adiós! (fam.)	**Sampai jumpa!**	[sampaj dʒumpa!]
¡Adiós! (form.)	**Selamat tinggal!**	[slamat tiŋgal!]
despedirse (vr)	**berpamitan**	[bərpamitan]
¡Hasta luego!	**Sampai nanti!**	[sampaj nanti!]
¡Gracias!	**Terima kasih!**	[tərima kasih!]
¡Muchas gracias!	**Terima kasih banyak!**	[tərima kasih banja'!]
De nada	**Kembali! Sama-sama!**	[kembali!], [sama-sama!]
No hay de qué	**Kembali!**	[kembali!]
De nada	**Kembali!**	[kembali!]
¡Disculpa! ¡Disculpe!	**Maaf, ...**	[ma'af, ...]
disculpar (vt)	**memaafkan**	[mema'afkan]
disculparse (vr)	**meminta maaf**	[meminta ma'af]
Mis disculpas	**Maafkan saya**	[ma'afkan saja]

¡Perdóneme!	Maaf!	[ma'af!]
perdonar (vt)	memaafkan	[mema'afkan]
¡No pasa nada!	Tidak apa-apa!	[tida' apa-apa!]
por favor	tolong	[toloŋ]

¡No se le olvide!	Jangan lupa!	[dʒ'aŋan lupa!]
¡Ciertamente!	Tentu!	[tentu!]
¡Claro que no!	Tentu tidak!	[tentu tida'!]
¡De acuerdo!	Baiklah! Baik!	[bajklah!], [baj'!]
¡Basta!	Cukuplah!	[tʃukuplah!]

3. Las preguntas

¿Quién?	Siapa?	[siapa?]
¿Qué?	Apa?	[apa?]
¿Dónde?	Di mana?	[di mana?]
¿Adónde?	Ke mana?	[ke mana?]
¿De dónde?	Dari mana?	[dari mana?]
¿Cuándo?	Kapan?	[kapan?]
¿Para qué?	Mengapa?	[məŋapa?]
¿Por qué?	Mengapa?	[məŋapa?]

¿Por qué razón?	Untuk apa?	[untu' apa?]
¿Cómo?	Bagaimana?	[bagajmana?]
¿Qué ...? (~ color)	Apa? Yang mana?	[apa?], [yaŋ mana?]
¿Cuál?	Yang mana?	[yaŋ mana?]

¿A quién?	Kepada siapa? Untuk siapa?	[kepada siapa?], [untu' siapa?]
¿De quién? (~ hablan ...)	Tentang siapa?	[tentaŋ siapa?]
¿De qué?	Tentang apa?	[tentaŋ apa?]
¿Con quién?	Dengan siapa?	[deŋan siapa?]

¿Cuánto?	Berapa?	[bərapa?]
¿De quién?	Milik siapa?	[mili' siapa?]

4. Las preposiciones

con ... (~ algn)	dengan	[deŋan]
sin ... (~ azúcar)	tanpa	[tanpa]
a ... (p.ej. voy a México)	ke	[ke]
de ... (hablar ~)	tentang ...	[tentaŋ ...]
antes de ...	sebelum	[sebelum]
delante de ...	di depan ...	[di depan ...]

debajo	di bawah	[di bawah]
sobre ..., encima de ...	di atas	[di atas]
en, sobre (~ la mesa)	di atas	[di atas]
de (origen)	dari	[dari]
de (fabricado de)	dari	[dari]
dentro de ...	dalam	[dalam]
encima de ...	melalui	[melalui]

5. Las palabras útiles. Los adverbios. Unidad 1

¿Dónde?	Di mana?	[di mana?]
aquí (adv)	di sini	[di sini]
allí (adv)	di sana	[di sana]

en alguna parte	di suatu tempat	[di suatu tempat]
en ninguna parte	tak ada di mana pun	[ta' ada di mana pun]

junto a ...	dekat	[dekat]
junto a la ventana	dekat jendela	[dekat dʒiendela]

¿A dónde?	Ke mana?	[ke mana?]
aquí (venga ~)	ke sini	[ke sini]
allí (vendré ~)	ke sana	[ke sana]
de aquí (adv)	dari sini	[dari sini]
de allí (adv)	dari sana	[dari sana]

cerca (no lejos)	dekat	[dekat]
lejos (adv)	jauh	[dʒiauh]

cerca de ...	dekat	[dekat]
al lado (de ...)	dekat	[dekat]
no lejos (adv)	tidak jauh	[tida' dʒiauh]

izquierdo (adj)	kiri	[kiri]
a la izquierda (situado ~)	di kiri	[di kiri]
a la izquierda (girar ~)	ke kiri	[ke kiri]

derecho (adj)	kanan	[kanan]
a la derecha (situado ~)	di kanan	[di kanan]
a la derecha (girar)	ke kanan	[ke kanan]

delante (yo voy ~)	di depan	[di depan]
delantero (adj)	depan	[depan]
adelante (movimiento)	ke depan	[ke depan]

detrás de ...	di belakang	[di belakaŋ]
desde atrás	dari belakang	[dari belakaŋ]
atrás (da un paso ~)	mundur	[mundur]

centro (m), medio (m)	tengah	[teŋah]
en medio (adv)	di tengah	[di teŋah]

de lado (adv)	di sisi, di samping	[di sisi], [di sampiŋ]
en todas partes	di mana-mana	[di mana-mana]
alrededor (adv)	di sekitar	[di sekitar]

de dentro (adv)	dari dalam	[dari dalam]
a alguna parte	ke suatu tempat	[ke suatu tempat]
todo derecho (adv)	terus	[terus]
atrás (muévelo para ~)	kembali	[kembali]

de alguna parte (adv)	dari mana pun	[dari mana pun]
no se sabe de dónde	dari suatu tempat	[dari suatu tempat]

primero (adv)	pertama	[pərtama]
segundo (adv)	kedua	[kedua]
tercero (adv)	ketiga	[ketiga]

de súbito (adv)	tiba-tiba	[tiba-tiba]
al principio (adv)	mula-mula	[mula-mula]
por primera vez	untuk pertama kalinya	[untu' pərtama kalinja]
mucho tiempo antes ...	jauh sebelum ...	[dʒ'auh sebelum ...]
de nuevo (adv)	kembali	[kembali]
para siempre (adv)	untuk selama-lamanya	[untu' selama-lamanja]

jamás, nunca (adv)	tidak pernah	[tida' pərnah]
de nuevo (adv)	lagi, kembali	[lagi], [kembali]
ahora (adv)	sekarang	[sekaraŋ]
frecuentemente (adv)	sering, seringkali	[seriŋ], [seriŋkali]
entonces (adv)	ketika itu	[ketika itu]
urgentemente (adv)	segera	[segera]
usualmente (adv)	biasanya	[biasanja]

a propósito, ...	ngomong-ngomong ...	[ŋomoŋ-ŋomoŋ ...]
es probable	mungkin	[muŋkin]
probablemente (adv)	mungkin	[muŋkin]
tal vez	mungkin	[muŋkin]
además ...	selain itu ...	[selajn itu ...]
por eso ...	karena itu ...	[karena itu ...]
a pesar de ...	meskipun ...	[meskipun ...]
gracias a ...	berkat ...	[berkat ...]

qué (pron)	apa	[apa]
que (conj)	bahwa	[bahwa]
algo (~ le ha pasado)	sesuatu	[sesuatu]
algo (~ así)	sesuatu	[sesuatu]
nada (f)	tidak sesuatu pun	[tida' sesuatu pun]

quien	siapa	[siapa]
alguien (viene ~)	seseorang	[seseoraŋ]
alguien (¿ha llamado ~?)	seseorang	[seseoraŋ]

nadie	tidak seorang pun	[tida' seoraŋ pun]
a ninguna parte	tidak ke mana pun	[tida' ke mana pun]
de nadie	tidak milik siapa pun	[tida' mili' siapa pun]
de alguien	milik seseorang	[mili' seseoraŋ]

tan, tanto (adv)	sangat	[saŋat]
también (~ habla francés)	juga	[dʒ'uga]
también (p.ej. Yo ~)	juga	[dʒ'uga]

6. Las palabras útiles. Los adverbios. Unidad 2

¿Por qué?	Mengapa?	[məŋapa?]
no se sabe porqué	entah mengapa	[entah məŋapa]
porque ...	karena ...	[karena ...]
por cualquier razón (adv)	untuk tujuan tertentu	[untu' tudʒ'uan tərtentu]
y (p.ej. uno y medio)	dan	[dan]

o (p.ej. té o café)	**atau**	[atau]
pero (p.ej. me gusta, ~)	**tetapi, namun**	[tetapi], [namun]
para (p.ej. es para ti)	**untuk**	[untu']
demasiado (adv)	**terlalu**	[tərlalu]
sólo, solamente (adv)	**hanya**	[hanja]
exactamente (adv)	**tepat**	[tepat]
unos …,	**sekitar**	[sekitar]
cerca de … (~ 10 kg)		
aproximadamente	**kira-kira**	[kira-kira]
aproximado (adj)	**kira-kira**	[kira-kira]
casi (adv)	**hampir**	[hampir]
resto (m)	**selebihnya, sisanya**	[selebihnja], [sisanja]
el otro (adj)	**kedua**	[kedua]
otro (p.ej. el otro día)	**lain**	[lain]
cada (adj)	**setiap**	[setiap]
cualquier (adj)	**sebarang**	[sebaraŋ]
mucho (adv)	**banyak**	[banja']
muchos (mucha gente)	**banyak orang**	[banja' oraŋ]
todos	**semua**	[semua]
a cambio de …	**sebagai ganti …**	[sebagaj ganti …]
en cambio (adv)	**sebagai gantinya**	[sebagaj gantinja]
a mano (hecho ~)	**dengan tangan**	[deŋan taŋan]
poco probable	**hampir tidak**	[hampir tida']
probablemente	**mungkin**	[muŋkin]
a propósito (adv)	**sengaja**	[seŋadʒia]
por accidente (adv)	**tidak sengaja**	[tida' seŋadʒia]
muy (adv)	**sangat**	[saŋat]
por ejemplo (adv)	**misalnya**	[misalnja]
entre (~ nosotros)	**antara**	[antara]
entre (~ otras cosas)	**di antara**	[di antara]
tanto (~ gente)	**banyak sekali**	[banja' sekali]
especialmente (adv)	**terutama**	[tərutama]

NÚMEROS. MISCELÁNEA

7. Números cardinales. Unidad 1

cero	**nol**	[nol]
uno	**satu**	[satu]
dos	**dua**	[dua]
tres	**tiga**	[tiga]
cuatro	**empat**	[empat]
cinco	**lima**	[lima]
seis	**enam**	[enam]
siete	**tujuh**	[tuʤʲuh]
ocho	**delapan**	[delapan]
nueve	**sembilan**	[sembilan]
diez	**sepuluh**	[sepuluh]
once	**sebelas**	[sebelas]
doce	**dua belas**	[dua belas]
trece	**tiga belas**	[tiga belas]
catorce	**empat belas**	[empat belas]
quince	**lima belas**	[lima belas]
dieciséis	**enam belas**	[enam belas]
diecisiete	**tujuh belas**	[tuʤʲuh belas]
dieciocho	**delapan belas**	[delapan belas]
diecinueve	**sembilan belas**	[sembilan belas]
veinte	**dua puluh**	[dua puluh]
veintiuno	**dua puluh satu**	[dua puluh satu]
veintidós	**dua puluh dua**	[dua puluh dua]
veintitrés	**dua puluh tiga**	[dua puluh tiga]
treinta	**tiga puluh**	[tiga puluh]
treinta y uno	**tiga puluh satu**	[tiga puluh satu]
treinta y dos	**tiga puluh dua**	[tiga puluh dua]
treinta y tres	**tiga puluh tiga**	[tiga puluh tiga]
cuarenta	**empat puluh**	[empat puluh]
cuarenta y uno	**empat puluh satu**	[empat puluh satu]
cuarenta y dos	**empat puluh dua**	[empat puluh dua]
cuarenta y tres	**empat puluh tiga**	[empat puluh tiga]
cincuenta	**lima puluh**	[lima puluh]
cincuenta y uno	**lima puluh satu**	[lima puluh satu]
cincuenta y dos	**lima puluh dua**	[lima puluh dua]
cincuenta y tres	**lima puluh tiga**	[lima puluh tiga]
sesenta	**enam puluh**	[enam puluh]
sesenta y uno	**enam puluh satu**	[enam puluh satu]

sesenta y dos	enam puluh dua	[enam puluh dua]
sesenta y tres	enam puluh tiga	[enam puluh tiga]
setenta	tujuh puluh	[tuʤʲuh puluh]
setenta y uno	tujuh puluh satu	[tuʤʲuh puluh satu]
setenta y dos	tujuh puluh dua	[tuʤʲuh puluh dua]
setenta y tres	tujuh puluh tiga	[tuʤʲuh puluh tiga]
ochenta	delapan puluh	[delapan puluh]
ochenta y uno	delapan puluh satu	[delapan puluh satu]
ochenta y dos	delapan puluh dua	[delapan puluh dua]
ochenta y tres	delapan puluh tiga	[delapan puluh tiga]
noventa	sembilan puluh	[sembilan puluh]
noventa y uno	sembulan puluh satu	[sembulan puluh satu]
noventa y dos	sembilan puluh dua	[sembilan puluh dua]
noventa y tres	sembilan puluh tiga	[sembilan puluh tiga]

8. Números cardinales. Unidad 2

cien	seratus	[seratus]
doscientos	dua ratus	[dua ratus]
trescientos	tiga ratus	[tiga ratus]
cuatrocientos	empat ratus	[empat ratus]
quinientos	lima ratus	[lima ratus]
seiscientos	enam ratus	[enam ratus]
setecientos	tujuh ratus	[tuʤʲuh ratus]
ochocientos	delapan ratus	[delapan ratus]
novecientos	sembilan ratus	[sembilan ratus]
mil	seribu	[seribu]
dos mil	dua ribu	[dua ribu]
tres mil	tiga ribu	[tiga ribu]
diez mil	sepuluh ribu	[sepuluh ribu]
cien mil	seratus ribu	[seratus ribu]
millón (m)	juta	[ʤʲuta]
mil millones	miliar	[miliar]

9. Números ordinales

primero (adj)	pertama	[pertama]
segundo (adj)	kedua	[kedua]
tercero (adj)	ketiga	[ketiga]
cuarto (adj)	keempat	[keempat]
quinto (adj)	kelima	[kelima]
sexto (adj)	keenam	[keenam]
séptimo (adj)	ketujuh	[ketuʤʲuh]
octavo (adj)	kedelapan	[kedelapan]
noveno (adj)	kesembilan	[kesembilan]
décimo (adj)	kesepuluh	[kesepuluh]

LOS COLORES. LAS UNIDADES DE MEDIDA

10. Los colores

color (m)	warna	[warna]
matiz (m)	nuansa	[nuansa]
tono (m)	warna	[warna]
arco (m) iris	pelangi	[pelaŋi]
blanco (adj)	putih	[putih]
negro (adj)	hitam	[hitam]
gris (adj)	kelabu	[kelabu]
verde (adj)	hijau	[hidʒˈau]
amarillo (adj)	kuning	[kuniŋ]
rojo (adj)	merah	[merah]
azul (adj)	biru	[biru]
azul claro (adj)	biru muda	[biru muda]
rosa (adj)	pink	[pinˀ]
naranja (adj)	oranye, jingga	[oranje], [dʒiŋga]
violeta (adj)	violet, ungu muda	[violet], [uŋu muda]
marrón (adj)	cokelat	[tʃokelat]
dorado (adj)	keemasan	[keemasan]
argentado (adj)	keperakan	[keperakan]
beige (adj)	abu-abu kecokelatan	[abu-abu ketʃokelatan]
crema (adj)	krem	[krem]
turquesa (adj)	pirus	[pirus]
rojo cereza (adj)	merah tua	[merah tua]
lila (adj)	ungu	[uŋu]
carmesí (adj)	merah lembayung	[merah lembajuŋ]
claro (adj)	terang	[teraŋ]
oscuro (adj)	gelap	[gelap]
vivo (adj)	terang	[teraŋ]
de color (lápiz ~)	berwarna	[bərwarna]
en colores (película ~)	warna	[warna]
blanco y negro (adj)	hitam-putih	[hitam-putih]
unicolor (adj)	polos, satu warna	[polos], [satu warna]
multicolor (adj)	berwarna-warni	[bərwarna-warni]

11. Las unidades de medida

peso (m)	berat	[berat]
longitud (f)	panjang	[pandʒˈaŋ]

anchura (f)	lebar	[lebar]
altura (f)	ketinggian	[ketiŋgian]
profundidad (f)	kedalaman	[kedalaman]
volumen (m)	volume, isi	[volume], [isi]
área (f)	luas	[luas]

gramo (m)	gram	[gram]
miligramo (m)	miligram	[miligram]
kilogramo (m)	kilogram	[kilogram]
tonelada (f)	ton	[ton]
libra (f)	pon	[pon]
onza (f)	ons	[ons]

metro (m)	meter	[meter]
milímetro (m)	milimeter	[milimeter]
centímetro (m)	sentimeter	[sentimeter]
kilómetro (m)	kilometer	[kilometer]
milla (f)	mil	[mil]

pulgada (f)	inci	[intʃi]
pie (m)	kaki	[kaki]
yarda (f)	yard	[yard]

| metro (m) cuadrado | meter persegi | [meter pərsegi] |
| hectárea (f) | hektar | [hektar] |

litro (m)	liter	[liter]
grado (m)	derajat	[deradʒat]
voltio (m)	volt	[volt]
amperio (m)	ampere	[ampere]
caballo (m) de fuerza	tenaga kuda	[tenaga kuda]

cantidad (f)	kuantitas	[kuantitas]
un poco de …	sedikit …	[sedikit …]
mitad (f)	setengah	[setəŋah]
docena (f)	lusin	[lusin]
pieza (f)	buah	[buah]

| dimensión (f) | ukuran | [ukuran] |
| escala (f) (del mapa) | skala | [skala] |

mínimo (adj)	minimal	[minimal]
el más pequeño (adj)	terkecil	[tərketʃil]
medio (adj)	sedang	[sedaŋ]
máximo (adj)	maksimal	[maksimal]
el más grande (adj)	terbesar	[tərbesar]

12. Contenedores

tarro (m) de vidrio	gelas	[gelas]
lata (f)	kaleng	[kaleŋ]
cubo (m)	ember	[ember]
barril (m)	tong	[toŋ]
palangana (f)	baskom	[baskom]

tanque (m)	tangki	[taŋki]
petaca (f) (de alcohol)	pelples	[pelples]
bidón (m) de gasolina	jeriken	[dʒⁱeriken]
cisterna (f)	tangki	[taŋki]

taza (f) (mug de cerámica)	mangkuk	[maŋkuʔ]
taza (f) (~ de café)	cangkir	[tʃaŋkir]
platillo (m)	alas cangkir	[alas tʃaŋkir]
vaso (m) (~ de agua)	gelas	[gelas]
copa (f) (~ de vino)	gelas anggur	[gelas aŋgur]
olla (f)	panci	[pantʃi]

botella (f)	botol	[botol]
cuello (m) de botella	leher	[leher]

garrafa (f)	karaf	[karaf]
jarro (m) (~ de agua)	kendi	[kendi]
recipiente (m)	wadah	[wadah]
tarro (m)	pot	[pot]
florero (m)	vas	[vas]

frasco (m) (~ de perfume)	botol	[botol]
frasquito (m)	botol kecil	[botol ketʃil]
tubo (m)	tabung	[tabuŋ]

saco (m) (~ de azúcar)	karung	[karuŋ]
bolsa (f) (~ plástica)	kantong	[kantoŋ]
paquete (m) (~ de cigarrillos)	bungkus	[buŋkus]

caja (f)	kotak, kardus	[kotak], [kardus]
cajón (m) (~ de madera)	kotak	[kotaʔ]
cesta (f)	bakul	[bakul]

LOS VERBOS MÁS IMPORTANTES

13. Los verbos más importantes. Unidad 1

abrir (vt)	membuka	[membuka]
acabar, terminar (vt)	mengakhiri	[məŋahiri]
aconsejar (vt)	menasihati	[mənasihati]
adivinar (vt)	menerka	[mənerka]
advertir (vt)	memperingatkan	[memperiŋatkan]
alabarse, jactarse (vr)	membual	[membual]
almorzar (vi)	makan siang	[makan siaŋ]
alquilar (~ una casa)	menyewa	[mənjewa]
amenazar (vt)	mengancam	[məŋantʃam]
arrepentirse (vr)	menyesal	[mənjesal]
ayudar (vt)	membantu	[membantu]
bañarse (vr)	berenang	[bərenaŋ]
bromear (vi)	bergurau	[bərgurau]
buscar (vt)	mencari …	[məntʃari …]
caer (vi)	jatuh	[dʒˈatuh]
callarse (vr)	diam	[diam]
cambiar (vt)	mengubah	[mənubah]
castigar, punir (vt)	menghukum	[mənhukum]
cavar (vt)	menggali	[məŋgali]
cazar (vi, vt)	berburu	[bərburu]
cenar (vi)	makan malam	[makan malam]
cesar (vt)	menghentikan	[mənhentikan]
coger (vt)	menangkap	[mənaŋkap]
comenzar (vt)	memulai, membuka	[memulaj], [membuka]
comparar (vt)	membandingkan	[membandiŋkan]
comprender (vt)	mengerti	[məŋerti]
confiar (vt)	mempercayai	[mempertʃajaj]
confundir (vt)	bingung membedakan	[biŋuŋ membedakan]
conocer (~ a alguien)	kenal	[kenal]
contar (vt) (enumerar)	menghitung	[mənhituŋ]
contar con …	mengharapkan …	[mənharapkan …]
continuar (vt)	meneruskan	[məneruskan]
controlar (vt)	mengontrol	[mənontrol]
correr (vi)	lari	[lari]
costar (vt)	berharga	[bərharga]
crear (vt)	menciptakan	[məntʃiptakan]

14. Los verbos más importantes. Unidad 2

dar (vt)	memberi	[memberi]
dar una pista	memberi petunjuk	[memberi petundʒˈuʔ]

decir (vt)	berkata	[bərkata]
decorar (para la fiesta)	menghiasi	[məŋhiasi]
defender (vt)	membela	[membela]
dejar caer	tercecer	[tərtʃetʃer]
desayunar (vi)	sarapan	[sarapan]
descender (vi)	turun	[turun]

dirigir (administrar)	memimpin	[memimpin]
disculpar (vt)	memaafkan	[maˀafkan]
disculparse (vr)	meminta maaf	[meminta maˀaf]
discutir (vt)	membicarakan	[membitʃarakan]
dudar (vt)	ragu-ragu	[ragu-ragu]

encontrar (hallar)	menemukan	[mənemukan]
engañar (vi, vt)	menipu	[mənipu]
entrar (vi)	masuk, memasuki	[masuk], [memasuki]
enviar (vt)	mengirim	[məŋirim]
equivocarse (vr)	salah	[salah]
escoger (vt)	memilih	[memilih]
esconder (vt)	menyembunyikan	[mənjembunjikan]
escribir (vt)	menulis	[mənulis]
esperar (aguardar)	menunggu	[mənuŋgu]

esperar (tener esperanza)	berharap	[bərharap]
estar (vi)	sedang	[sedaŋ]
estar de acuerdo	setuju	[setudʒʲu]
estudiar (vt)	mempelajari	[mempeladʒʲari]

exigir (vt)	menuntut	[mənuntut]
existir (vi)	ada	[ada]
explicar (vt)	menjelaskan	[məndʒʲelaskan]
faltar (a las clases)	absen	[absen]
firmar (~ el contrato)	menandatangani	[mənandataŋani]
girar (~ a la izquierda)	membelok	[membeloˀ]
gritar (vi)	berteriak	[bərteriaˀ]
guardar (conservar)	menyimpan	[mənjimpan]
gustar (vi)	suka	[suka]
hablar (vi, vt)	berbicara	[bərbitʃara]

hacer (vt)	membuat	[membuat]
informar (vt)	menginformasikan	[məŋinformasikan]
insistir (vi)	mendesak	[məndesaˀ]
insultar (vt)	menghina	[məŋhina]

interesarse (vr)	menaruh minat pada …	[mənaruh minat pada …]
invitar (vt)	mengundang	[məŋundaŋ]
ir (a pie)	berjalan	[bərdʒʲalan]
jugar (divertirse)	bermain	[bərmajn]

15. Los verbos más importantes. Unidad 3

leer (vi, vt)	membaca	[membatʃa]
liberar (ciudad, etc.)	membebaskan	[membebaskan]
llamar (por ayuda)	memanggil	[memaŋgil]

| llegar (vi) | datang | [dataŋ] |
| llorar (vi) | menangis | [mənaŋis] |

matar (vt)	membunuh	[membunuh]
mencionar (vt)	menyebut	[mənjebut]
mostrar (vt)	menunjukkan	[mənundʒ'uʔkan]
nadar (vi)	berenang	[bərenaŋ]

negarse (vr)	menolak	[mənolaʔ]
objetar (vt)	keberatan	[keberatan]
observar (vt)	mengamati	[məŋamati]
oír (vt)	mendengar	[məndeŋar]

olvidar (vt)	melupakan	[melupakan]
orar (vi)	bersembahyang, berdoa	[bərsembahjaŋ], [bərdoa]
ordenar (mil.)	memerintahkan	[memerintahkan]
pagar (vi, vt)	membayar	[membajar]
pararse (vr)	berhenti	[bərhenti]

participar (vi)	turut serta	[turut serta]
pedir (ayuda, etc.)	meminta	[meminta]
pedir (en restaurante)	memesan	[memesan]
pensar (vi, vt)	berpikir	[bərpikir]

percibir (ver)	memperhatikan	[memperhatikan]
perdonar (vt)	memaafkan	[memaʔafkan]
permitir (vt)	mengizinkan	[məŋizinkan]
pertenecer a ...	kepunyaan ...	[kepunja'an ...]

planear (vt)	merencanakan	[merentʃanakan]
poder (v aux)	bisa	[bisa]
poseer (vt)	memiliki	[memiliki]
preferir (vt)	lebih suka	[lebih suka]
preguntar (vt)	bertanya	[bərtanja]

preparar (la cena)	memasak	[memasaʔ]
prever (vt)	menduga	[mənduga]
probar, tentar (vt)	mencoba	[məntʃoba]
prometer (vt)	berjanji	[bərdʒ'andʒi]
pronunciar (vt)	melafalkan	[melafalkan]

proponer (vt)	mengusulkan	[məŋusulkan]
quebrar (vt)	memecahkan	[memetʃahkan]
quejarse (vr)	mengeluh	[məŋeluh]
querer (amar)	mencintai	[məntʃintaj]
querer (desear)	mau, ingin	[mau], [iŋin]

16. Los verbos más importantes. Unidad 4

recomendar (vt)	merekomendasi	[merekomendasi]
regañar, reprender (vt)	memarahi, menegur	[memarahi], [menegur]
reírse (vr)	tertawa	[tertawa]
repetir (vt)	mengulangi	[məŋulaŋi]
reservar (~ una mesa)	memesan	[memesan]

responder (vi, vt)	menjawab	[məndʒʲawab]

robar (vt)	mencuri	[məntʃuri]
saber (~ algo mas)	tahu	[tahu]
salir (vi)	keluar	[keluar]
salvar (vt)	menyelamatkan	[mənjelamatkan]
seguir ...	mengikuti ...	[məŋikuti ...]
sentarse (vr)	duduk	[dudu']

ser (vi)	ialah, adalah	[ialah], [adalah]
ser necesario	dibutuhkan	[dibutuhkan]
significar (vt)	berarti	[bərarti]
sonreír (vi)	tersenyum	[tərsenyum]
sorprenderse (vr)	heran	[heran]

subestimar (vt)	meremehkan	[meremehkan]
tener (vt)	mempunyai	[mempunjaj]
tener hambre	lapar	[lapar]
tener miedo	takut	[takut]

tener prisa	tergesa-gesa	[tərgesa-gesa]
tener sed	haus	[haus]
tirar, disparar (vi)	menembak	[mənemba']
tocar (con las manos)	menyentuh	[mənjentuh]
tomar (vt)	mengambil	[məŋambil]
tomar nota	mencatat	[məntʃatat]

trabajar (vi)	bekerja	[bekerdʒʲa]
traducir (vt)	menerjemahkan	[mənerdʒʲemahkan]
unir (vt)	menyatukan	[mənjatukan]
vender (vt)	menjual	[məndʒʲual]
ver (vt)	melihat	[melihat]
volar (pájaro, avión)	terbang	[tərbaŋ]

LA HORA. EL CALENDARIO

17. Los días de la semana

lunes (m)	Hari Senin	[hari senin]
martes (m)	Hari Selasa	[hari selasa]
miércoles (m)	Hari Rabu	[hari rabu]
jueves (m)	Hari Kamis	[hari kamis]
viernes (m)	Hari Jumat	[hari dʒʲumat]
sábado (m)	Hari Sabtu	[hari sabtu]
domingo (m)	Hari Minggu	[hari miŋgu]
hoy (adv)	hari ini	[hari ini]
mañana (adv)	besok	[besoʔ]
pasado mañana	besok lusa	[besoʔ lusa]
ayer (adv)	kemarin	[kemarin]
anteayer (adv)	kemarin dulu	[kemarin dulu]
día (m)	hari	[hari]
día (m) de trabajo	hari kerja	[hari kerdʒʲa]
día (m) de fiesta	hari libur	[hari libur]
día (m) de descanso	hari libur	[hari libur]
fin (m) de semana	akhir pekan	[ahir pekan]
todo el día	seharian	[seharian]
al día siguiente	hari berikutnya	[hari berikutnja]
dos días atrás	dua hari lalu	[dua hari lalu]
en vísperas (adv)	hari sebelumnya	[hari sebelumnja]
diario (adj)	harian	[harian]
cada día (adv)	tiap hari	[tiap hari]
semana (f)	minggu	[miŋgu]
semana (f) pasada	minggu lalu	[miŋgu lalu]
semana (f) que viene	minggu berikutnya	[miŋgu berikutnja]
semanal (adj)	mingguan	[miŋguan]
cada semana (adv)	tiap minggu	[tiap miŋgu]
2 veces por semana	dua kali seminggu	[dua kali semiŋgu]
todos los martes	tiap Hari Selasa	[tiap hari selasa]

18. Las horas. El día y la noche

mañana (f)	pagi	[pagi]
por la mañana	pada pagi hari	[pada pagi hari]
mediodía (m)	tengah hari	[teŋah hari]
por la tarde	pada sore hari	[pada sore hari]
noche (f)	sore, malam	[sore], [malam]
por la noche	waktu sore	[waktu sore]

noche (f) (p.ej. 2:00 a.m.)	malam	[malam]
por la noche	pada malam hari	[pada malam hari]
medianoche (f)	tengah malam	[teŋah malam]
segundo (m)	detik	[deti²]
minuto (m)	menit	[menit]
hora (f)	jam	[dʒʲam]
media hora (f)	setengah jam	[seteŋah dʒʲam]
cuarto (m) de hora	seperempat jam	[seperempat dʒʲam]
quince minutos	lima belas menit	[lima belas menit]
veinticuatro horas	siang-malam	[siaŋ-malam]
salida (f) del sol	matahari terbit	[matahari tərbit]
amanecer (m)	subuh	[subuh]
madrugada (f)	dini pagi	[dini pagi]
puesta (f) del sol	matahari terbenam	[matahari tərbenam]
de madrugada	pagi-pagi	[pagi-pagi]
esta mañana	pagi ini	[pagi ini]
mañana por la mañana	besok pagi	[beso² pagi]
esta tarde	sore ini	[sore ini]
por la tarde	pada sore hari	[pada sore hari]
mañana por la tarde	besok sore	[beso² sore]
esta noche (p.ej. 8:00 p.m.)	sore ini	[sore ini]
mañana por la noche	besok malam	[beso² malam]
a las tres en punto	pukul 3 tepat	[pukul tiga tepat]
a eso de las cuatro	sekitar pukul 4	[sekitar pukul empat]
para las doce	pada pukul 12	[pada pukul belas]
dentro de veinte minutos	dalam 20 menit	[dalam dua puluh menit]
dentro de una hora	dalam satu jam	[dalam satu dʒʲam]
a tiempo (adv)	tepat waktu	[tepat waktu]
… menos cuarto	… kurang seperempat	[… kuraŋ seperempat]
durante una hora	selama sejam	[selama sedʒʲam]
cada quince minutos	tiap 15 menit	[tiap lima belas menit]
día y noche	siang-malam	[siaŋ-malam]

19. Los meses. Las estaciones

enero (m)	Januari	[dʒʲanuari]
febrero (m)	Februari	[februari]
marzo (m)	Maret	[maret]
abril (m)	April	[april]
mayo (m)	Mei	[mei]
junio (m)	Juni	[dʒʲuni]
julio (m)	Juli	[dʒʲuli]
agosto (m)	Augustus	[augustus]
septiembre (m)	September	[september]
octubre (m)	Oktober	[oktober]

| noviembre (m) | November | [november] |
| diciembre (m) | Desember | [desember] |

primavera (f)	musim semi	[musim semi]
en primavera	pada musim semi	[pada musim semi]
de primavera (adj)	musim semi	[musim semi]

verano (m)	musim panas	[musim panas]
en verano	pada musim panas	[pada musim panas]
de verano (adj)	musim panas	[musim panas]

otoño (m)	musim gugur	[musim gugur]
en otoño	pada musim gugur	[pada musim gugur]
de otoño (adj)	musim gugur	[musim gugur]

invierno (m)	musim dingin	[musim diŋin]
en invierno	pada musim dingin	[pada musim diŋin]
de invierno (adj)	musim dingin	[musim diŋin]

mes (m)	bulan	[bulan]
este mes	bulan ini	[bulan ini]
al mes siguiente	bulan depan	[bulan depan]
el mes pasado	bulan lalu	[bulan lalu]

hace un mes	sebulan lalu	[sebulan lalu]
dentro de un mes	dalam satu bulan	[dalam satu bulan]
dentro de dos meses	dalam 2 bulan	[dalam dua bulan]
todo el mes	sepanjang bulan	[sepandʒʲaŋ bulan]
todo un mes	sebulan penuh	[sebulan penuh]

mensual (adj)	bulanan	[bulanan]
mensualmente (adv)	tiap bulan	[tiap bulan]
cada mes	tiap bulan	[tiap bulan]
dos veces por mes	dua kali sebulan	[dua kali sebulan]

año (m)	tahun	[tahun]
este año	tahun ini	[tahun ini]
el próximo año	tahun depan	[tahun depan]
el año pasado	tahun lalu	[tahun lalu]

hace un año	setahun lalu	[setahun lalu]
dentro de un año	dalam satu tahun	[dalam satu tahun]
dentro de dos años	dalam 2 tahun	[dalam dua tahun]
todo el año	sepanjang tahun	[sepandʒʲaŋ tahun]
todo un año	setahun penuh	[setahun penuh]

cada año	tiap tahun	[tiap tahun]
anual (adj)	tahunan	[tahunan]
anualmente (adv)	tiap tahun	[tiap tahun]
cuatro veces por año	empat kali setahun	[empat kali setahun]

fecha (f) (la ~ de hoy es ...)	tanggal	[taŋgal]
fecha (f) (~ de entrega)	tanggal	[taŋgal]
calendario (m)	kalender	[kalender]
medio año (m)	setengah tahun	[seteŋah tahun]
seis meses	enam bulan	[enam bulan]

estación (f)	**musim**	[musim]
siglo (m)	**abad**	[abad]

EL VIAJE. EL HOTEL

20. Las vacaciones. El viaje

turismo (m)	**pariwisata**	[pariwisata]
turista (m)	**turis, wisatawan**	[turis], [wisatawan]
viaje (m)	**pengembaraan**	[peŋembara'an]
aventura (f)	**petualangan**	[petualaŋan]
viaje (m) (p.ej. ~ en coche)	**perjalanan, lawatan**	[pərdʒialanan], [lawatan]
vacaciones (f pl)	**liburan**	[liburan]
estar de vacaciones	**berlibur**	[bərlibur]
descanso (m)	**istirahat**	[istirahat]
tren (m)	**kereta api**	[kereta api]
en tren	**naik kereta api**	[nai' kereta api]
avión (m)	**pesawat terbang**	[pesawat tərbaŋ]
en avión	**naik pesawat terbang**	[nai' pesawat tərbaŋ]
en coche	**naik mobil**	[nai' mobil]
en barco	**naik kapal**	[nai' kapal]
equipaje (m)	**bagasi**	[bagasi]
maleta (f)	**koper**	[koper]
carrito (m) de equipaje	**troli bagasi**	[troli bagasi]
pasaporte (m)	**paspor**	[paspor]
visado (m)	**visa**	[visa]
billete (m)	**tiket**	[tiket]
billete (m) de avión	**tiket pesawat terbang**	[tiket pesawat tərbaŋ]
guía (f) (libro)	**buku pedoman**	[buku pedoman]
mapa (m)	**peta**	[peta]
área (f) (~ rural)	**kawasan**	[kawasan]
lugar (m)	**tempat**	[tempat]
exotismo (m)	**keeksotisan**	[keeksotisan]
exótico (adj)	**eksotis**	[eksotis]
asombroso (adj)	**menakjubkan**	[mənakdʒiubkan]
grupo (m)	**kelompok**	[kelompo']
excursión (f)	**ekskursi**	[ekskursi]
guía (m) (persona)	**pemandu wisata**	[pemandu wisata]

21. El hotel

hotel (m), motel (m)	**hotel**	[hotel]
motel (m)	**motel**	[motel]
de tres estrellas	**bintang tiga**	[bintaŋ tiga]

| de cinco estrellas | bintang lima | [bintaŋ lima] |
| hospedarse (vr) | menginap | [məɲinap] |

habitación (f)	kamar	[kamar]
habitación (f) individual	kamar tunggal	[kamar tuŋgal]
habitación (f) doble	kamar ganda	[kamar ganda]
reservar una habitación	memesan kamar	[memesan kamar]

| media pensión (f) | sewa setengah | [sewa setəɲah] |
| pensión (f) completa | sewa penuh | [sewa penuh] |

con baño	dengan kamar mandi	[deŋan kamar mandi]
con ducha	dengan pancuran	[deŋan panʧuran]
televisión (f) satélite	televisi satelit	[televisi satelit]
climatizador (m)	penyejuk udara	[penjeʤʲuʔ udara]
toalla (f)	handuk	[handuʔ]
llave (f)	kunci	[kunʧi]

administrador (m)	administrator	[administrator]
camarera (f)	pelayan kamar	[pelajan kamar]
maletero (m)	porter	[porter]
portero (m)	pramupintu	[pramupintu]

restaurante (m)	restoran	[restoran]
bar (m)	bar	[bar]
desayuno (m)	makan pagi, sarapan	[makan pagi], [sarapan]
cena (f)	makan malam	[makan malam]
buffet (m) libre	prasmanan	[prasmanan]

| vestíbulo (m) | lobi | [lobi] |
| ascensor (m) | elevator | [elevator] |

| NO MOLESTAR | JANGAN MENGGANGGU | [ʤʲaɲan məŋgaŋgu] |
| PROHIBIDO FUMAR | DILARANG MEROKOK! | [dilaraŋ merokoʔ!] |

22. El turismo. La excursión

monumento (m)	monumen, patung	[monumen], [patuŋ]
fortaleza (f)	benteng	[benteŋ]
palacio (m)	istana	[istana]
castillo (m)	kastil	[kastil]
torre (f)	menara	[mənara]
mausoleo (m)	mausoleum	[mausoleum]

arquitectura (f)	arsitektur	[arsitektur]
medieval (adj)	abad pertengahan	[abad pərteɲahan]
antiguo (adj)	kuno	[kuno]
nacional (adj)	nasional	[nasional]
conocido (adj)	terkenal	[tərkenal]

turista (m)	turis, wisatawan	[turis], [wisatawan]
guía (m) (persona)	pemandu wisata	[pemandu wisata]
excursión (f)	ekskursi	[ekskursi]
mostrar (vt)	menunjukkan	[mənunʤʲuʔkan]

contar (una historia)	**menceritakan**	[mənʧeritakan]
encontrar (hallar)	**mendapatkan**	[məndapatkan]
perderse (vr)	**tersesat**	[tərsesat]
plano (m) (~ de metro)	**denah**	[denah]
mapa (m) (~ de la ciudad)	**peta**	[peta]
recuerdo (m)	**suvenir**	[suvenir]
tienda (f) de regalos	**toko suvenir**	[toko suvenir]
hacer fotos	**memotret**	[memotret]
fotografiarse (vr)	**berfoto**	[bərfoto]

EL TRANSPORTE

23. El aeropuerto

aeropuerto (m)	bandara	[bandara]
avión (m)	pesawat terbang	[pesawat tərbaŋ]
compañía (f) aérea	maskapai penerbangan	[maskapaj penerbaŋan]
controlador (m) aéreo	pengawas lalu lintas udara	[peŋawas lalu lintas udara]
despegue (m)	keberangkatan	[keberaŋkatan]
llegada (f)	kedatangan	[kedataŋan]
llegar (en avión)	datang	[dataŋ]
hora (f) de salida	waktu keberangkatan	[waktu keberaŋkatan]
hora (f) de llegada	waktu kedatangan	[waktu kedataŋan]
retrasarse (vr)	terlambat	[tərlambat]
retraso (m) de vuelo	penundaan penerbangan	[penunda'an penerbaŋan]
pantalla (f) de información	papan informasi	[papan informasi]
información (f)	informasi	[informasi]
anunciar (vt)	mengumumkan	[məŋumumkan]
vuelo (m)	penerbangan	[penerbaŋan]
aduana (f)	pabean	[pabean]
aduanero (m)	petugas pabean	[petugas pabean]
declaración (f) de aduana	pernyataan pabean	[pərnjata'an pabean]
rellenar (vt)	mengisi	[məŋisi]
rellenar la declaración	mengisi formulir bea cukai	[məŋisi formulir bea tʃukaj]
control (m) de pasaportes	pemeriksaan paspor	[pemeriksa'an paspor]
equipaje (m)	bagasi	[bagasi]
equipaje (m) de mano	jinjingan	[dʒindʒiŋan]
carrito (m) de equipaje	troli bagasi	[troli bagasi]
aterrizaje (m)	pendaratan	[pendaratan]
pista (f) de aterrizaje	jalur pendaratan	[dʒ¡alur pendaratan]
aterrizar (vi)	mendarat	[məndarat]
escaleras (f pl) (de avión)	tangga pesawat	[taŋga pesawat]
facturación (f) (check-in)	check-in	[tʃekin]
mostrador (m) de facturación	meja check-in	[medʒ¡a tʃekin]
hacer el check-in	check-in	[tʃekin]
tarjeta (f) de embarque	kartu pas	[kartu pas]
puerta (f) de embarque	gerbang keberangkatan	[gerbaŋ keberaŋkatan]
tránsito (m)	transit	[transit]
esperar (aguardar)	menunggu	[mənuŋgu]
zona (f) de preembarque	ruang tunggu	[ruaŋ tuŋgu]

| despedir (vt) | mengantar | [məŋantar] |
| despedirse (vr) | berpamitan | [bərpamitan] |

24. El avión

avión (m)	pesawat terbang	[pesawat tərbaŋ]
billete (m) de avión	tiket pesawat terbang	[tiket pesawat tərbaŋ]
compañía (f) aérea	maskapai penerbangan	[maskapaj penerbaŋan]
aeropuerto (m)	bandara	[bandara]
supersónico (adj)	supersonik	[supersoniʔ]

comandante (m)	kapten	[kapten]
tripulación (f)	awak	[awaʔ]
piloto (m)	pilot	[pilot]
azafata (f)	pramugari	[pramugari]
navegador (m)	navigator, penavigasi	[navigator], [penavigasi]

alas (f pl)	sayap	[sajap]
cola (f)	ekor	[ekor]
cabina (f)	kokpit	[kokpit]
motor (m)	mesin	[mesin]
tren (m) de aterrizaje	roda pendarat	[roda pendarat]
turbina (f)	turbin	[turbin]
hélice (f)	baling-baling	[baliŋ-baliŋ]
caja (f) negra	kotak hitam	[kotaʔ hitam]
timón (m)	kemudi	[kemudi]
combustible (m)	bahan bakar	[bahan bakar]

instructivo (m) de seguridad	instruksi keselamatan	[instruksi keselamatan]
respirador (m) de oxígeno	masker oksigen	[masker oksigen]
uniforme (m)	seragam	[seragam]
chaleco (m) salvavidas	jaket pelampung	[dʒʲaket pelampuŋ]
paracaídas (m)	parasut	[parasut]
despegue (m)	lepas landas	[lepas landas]
despegar (vi)	bertolak	[bərtolaʔ]
pista (f) de despegue	jalur lepas landas	[dʒʲalur lepas landas]

visibilidad (f)	visibilitas, pandangan	[visibilitas], [pandaŋan]
vuelo (m)	penerbangan	[penerbaŋan]
altura (f)	ketinggian	[ketiŋgian]
pozo (m) de aire	lubang udara	[lubaŋ udara]

asiento (m)	tempat duduk	[tempat duduʔ]
auriculares (m pl)	headphone, fonkepala	[headphone], [fonkepala]
mesita (f) plegable	meja lipat	[medʒʲa lipat]
ventana (f)	jendela pesawat	[dʒʲendela pesawat]
pasillo (m)	lorong	[loroŋ]

25. El tren

| tren (m) | kereta api | [kereta api] |
| tren (m) de cercanías | kereta api listrik | [kereta api listriʔ] |

tren (m) rápido	**kereta api cepat**	[kereta api t͡ʃepat]
locomotora (f) diésel	**lokomotif diesel**	[lokomotif disel]
tren (m) de vapor	**lokomotif uap**	[lokomotif uap]

coche (m)	**gerbong penumpang**	[gerboŋ penumpaŋ]
coche (m) restaurante	**gerbong makan**	[gerboŋ makan]

rieles (m pl)	**rel**	[rel]
ferrocarril (m)	**rel kereta api**	[rel kereta api]
traviesa (f)	**bantalan rel**	[bantalan rel]

plataforma (f)	**platform**	[platform]
vía (f)	**jalur**	[dʒ'alur]
semáforo (m)	**semafor**	[semafor]
estación (f)	**stasiun**	[stasiun]
maquinista (m)	**masinis**	[masinis]
maletero (m)	**porter**	[porter]
mozo (m) del vagón	**kondektur**	[kondektur]
pasajero (m)	**penumpang**	[penumpaŋ]
revisor (m)	**kondektur**	[kondektur]

corredor (m)	**koridor**	[koridor]
freno (m) de urgencia	**rem darurat**	[rem darurat]

compartimiento (m)	**kabin**	[kabin]
litera (f)	**bangku**	[baŋku]
litera (f) de arriba	**bangku atas**	[baŋku atas]
litera (f) de abajo	**bangku bawah**	[baŋku bawah]
ropa (f) de cama	**kain kasur**	[kain kasur]
billete (m)	**tiket**	[tiket]
horario (m)	**jadwal**	[dʒ'adwal]
pantalla (f) de información	**layar informasi**	[lajar informasi]

partir (vi)	**berangkat**	[bəraŋkat]
partida (f) (del tren)	**keberangkatan**	[keberaŋkatan]
llegar (tren)	**datang**	[dataŋ]
llegada (f)	**kedatangan**	[kedataŋan]

llegar en tren	**datang naik kereta api**	[dataŋ naj' kereta api]
tomar el tren	**naik ke kereta**	[nai' ke kereta]
bajar del tren	**turun dari kereta**	[turun dari kereta]

descarrilamiento (m)	**kecelakaan kereta**	[ket͡ʃelaka'an kereta]
descarrilarse (vr)	**keluar rel**	[keluar rel]

tren (m) de vapor	**lokomotif uap**	[lokomotif uap]
fogonero (m)	**juru api**	[dʒ'uru api]
hogar (m)	**tungku**	[tuŋku]
carbón (m)	**batu bara**	[batu bara]

26. El barco

barco, buque (m)	**kapal**	[kapal]
navío (m)	**kapal**	[kapal]

buque (m) de vapor	kapal uap	[kapal uap]
motonave (f)	kapal api	[kapal api]
trasatlántico (m)	kapal laut	[kapal laut]
crucero (m)	kapal penjelajah	[kapal penʤˈeladʒˈah]

yate (m)	perahu pesiar	[pərahu pesiar]
remolcador (m)	kapal tunda	[kapal tunda]
barcaza (f)	tongkang	[toŋkaŋ]
ferry (m)	feri	[feri]

| velero (m) | kapal layar | [kapal lajar] |
| bergantín (m) | kapal brigantin | [kapal brigantin] |

| rompehielos (m) | kapal pemecah es | [kapal pemetʃah es] |
| submarino (m) | kapal selam | [kapal selam] |

bote (m) de remo	perahu	[pərahu]
bote (m)	sekoci	[sekotʃi]
bote (m) salvavidas	sekoci penyelamat	[sekotʃi penjelamat]
lancha (f) motora	perahu motor	[pərahu motor]

capitán (m)	kapten	[kapten]
marinero (m)	kelasi	[kelasi]
marino (m)	pelaut	[pelaut]
tripulación (f)	awak	[awaʔ]

contramaestre (m)	bosman, bosun	[bosman], [bosun]
grumete (m)	kadet laut	[kadet laut]
cocinero (m) de abordo	koki	[koki]
médico (m) del buque	dokter kapal	[dokter kapal]

cubierta (f)	dek	[deʔ]
mástil (m)	tiang	[tiaŋ]
vela (f)	layar	[lajar]

bodega (f)	lambung kapal	[lambuŋ kapal]
proa (f)	haluan	[haluan]
popa (f)	buritan	[buritan]
remo (m)	dayung	[dajuŋ]
hélice (f)	baling-baling	[baliŋ-baliŋ]

camarote (m)	kabin	[kabin]
sala (f) de oficiales	ruang rekreasi	[ruaŋ rekreasi]
sala (f) de máquinas	ruang mesin	[ruaŋ mesin]
puente (m) de mando	anjungan kapal	[andʒˈuŋan kapal]
sala (f) de radio	ruang radio	[ruaŋ radio]
onda (f)	gelombang radio	[gelombaŋ radio]
cuaderno (m) de bitácora	buku harian kapal	[buku harian kapal]

anteojo (m)	teropong	[təropoŋ]
campana (f)	lonceng	[lontʃeŋ]
bandera (f)	bendera	[bendera]

cabo (m) (maroma)	tali	[tali]
nudo (m)	simpul	[simpul]
pasamano (m)	pegangan	[pegaŋan]

pasarela (f)	**tangga kapal**	[taŋga kapal]
ancla (f)	**jangkar**	[dʒˈaŋkar]
levar ancla	**mengangkat jangkar**	[məŋaŋkat dʒˈaŋkar]
echar ancla	**menjatuhkan jangkar**	[məndʒˈatuhkan dʒˈaŋkar]
cadena (f) del ancla	**rantai jangkar**	[rantaj dʒˈaŋkar]
puerto (m)	**pelabuhan**	[pelabuhan]
embarcadero (m)	**dermaga**	[dermaga]
amarrar (vt)	**merapat**	[merapat]
desamarrar (vt)	**bertolak**	[bərtolaʔ]
viaje (m)	**pengembaraan**	[peŋembaraʔan]
crucero (m) (viaje)	**pesiar**	[pesiar]
derrota (f) (rumbo)	**haluan**	[haluan]
itinerario (m)	**rute**	[rute]
bajío (m)	**beting**	[betiŋ]
encallar (vi)	**kandas**	[kandas]
tempestad (f)	**badai**	[badaj]
señal (f)	**sinyal**	[sinjal]
hundirse (vr)	**tenggelam**	[teŋgelam]
¡Hombre al agua!	**Orang hanyut!**	[oraŋ hanyut!]
SOS	**SOS**	[es-o-es]
aro (m) salvavidas	**pelampung penyelamat**	[pelampuŋ penjelamat]

LA CIUDAD

27. El transporte urbano

autobús (m)	**bus**	[bus]
tranvía (m)	**trem**	[trem]
trolebús (m)	**bus listrik**	[bus listri']
itinerario (m)	**trayek**	[trae']
número (m)	**nomor**	[nomor]
ir en …	**naik …**	[nai' …]
tomar (~ el autobús)	**naik**	[nai']
bajar (~ del tren)	**turun …**	[turun …]
parada (f)	**halte, pemberhentian**	[halte], [pemberhentian]
próxima parada (f)	**halte berikutnya**	[halte bərikutnja]
parada (f) final	**halte terakhir**	[halte tərahir]
horario (m)	**jadwal**	[dʒadwal]
esperar (aguardar)	**menunggu**	[mənuŋgu]
billete (m)	**tiket**	[tiket]
precio (m) del billete	**harga karcis**	[harga kartʃis]
cajero (m)	**kasir**	[kasir]
control (m) de billetes	**pemeriksaan tiket**	[pemeriksa'an tiket]
revisor (m)	**kondektur**	[kondektur]
llegar tarde (vi)	**terlambat …**	[tərlambat …]
perder (~ el tren)	**ketinggalan**	[ketiŋgalan]
tener prisa	**tergesa-gesa**	[tərgesa-gesa]
taxi (m)	**taksi**	[taksi]
taxista (m)	**sopir taksi**	[sopir taksi]
en taxi	**naik taksi**	[nai' taksi]
parada (f) de taxi	**pangkalan taksi**	[paŋkalan taksi]
llamar un taxi	**memanggil taksi**	[memaŋgil taksi]
tomar un taxi	**menaiki taksi**	[mənajki taksi]
tráfico (m)	**lalu lintas**	[lalu lintas]
atasco (m)	**kemacetan lalu lintas**	[kematʃetan lalu lintas]
horas (f pl) de punta	**jam sibuk**	[dʒam sibu']
aparcar (vi)	**parkir**	[parkir]
aparcar (vt)	**memarkir**	[memarkir]
aparcamiento (m)	**tempat parkir**	[tempat parkir]
metro (m)	**kereta api bawah tanah**	[kereta api bawah tanah]
estación (f)	**stasiun**	[stasiun]
ir en el metro	**naik kereta api bawah tanah**	[nai' kereta api bawah tanah]
tren (m)	**kereta api**	[kereta api]
estación (f)	**stasiun kereta api**	[stasiun kereta api]

28. La ciudad. La vida en la ciudad

ciudad (f)	kota	[kota]
capital (f)	ibu kota	[ibu kota]
aldea (f)	desa	[desa]
plano (m) de la ciudad	peta kota	[peta kota]
centro (m) de la ciudad	pusat kota	[pusat kota]
suburbio (m)	pinggir kota	[piŋgir kota]
suburbano (adj)	pinggir kota	[piŋgir kota]
arrabal (m)	pinggir	[piŋgir]
afueras (f pl)	daerah sekitarnya	[daerah sekitarnja]
barrio (m)	blok	[bloʔ]
zona (f) de viviendas	blok perumahan	[bloʔ pərumahan]
tráfico (m)	lalu lintas	[lalu lintas]
semáforo (m)	lampu lalu lintas	[lampu lalu lintas]
transporte (m) urbano	angkot	[aŋkot]
cruce (m)	persimpangan	[pərsimpaŋan]
paso (m) de peatones	penyeberangan	[penjeberaŋan]
paso (m) subterráneo	terowongan	[tərowoŋan
	penyeberangan	penjeberaŋan]
cruzar (vt)	menyeberang	[mənjeberaŋ]
peatón (m)	pejalan kaki	[pedʒʲalan kaki]
acera (f)	trotoar	[trotoar]
puente (m)	jembatan	[dʒʲembatan]
muelle (m)	tepi sungai	[tepi suŋaj]
fuente (f)	air mancur	[air mantʃur]
alameda (f)	jalan kecil	[dʒʲalan ketʃil]
parque (m)	taman	[taman]
bulevar (m)	bulevar, adimarga	[bulevar], [adimarga]
plaza (f)	lapangan	[lapaŋan]
avenida (f)	jalan raya	[dʒʲalan raja]
calle (f)	jalan	[dʒʲalan]
callejón (m)	gang	[gaŋ]
callejón (m) sin salida	jalan buntu	[dʒʲalan buntu]
casa (f)	rumah	[rumah]
edificio (m)	gedung	[geduŋ]
rascacielos (m)	pencakar langit	[pentʃakar laŋit]
fachada (f)	bagian depan	[bagian depan]
techo (m)	atap	[atap]
ventana (f)	jendela	[dʒʲendela]
arco (m)	lengkungan	[leŋkuŋan]
columna (f)	pilar	[pilar]
esquina (f)	sudut	[sudut]
escaparate (f)	etalase	[etalase]
letrero (m) (~ luminoso)	papan nama	[papan nama]
cartel (m)	poster	[poster]

| cartel (m) publicitario | poster iklan | [poster iklan] |
| valla (f) publicitaria | papan iklan | [papan iklan] |

basura (f)	sampah	[sampah]
cajón (m) de basura	tong sampah	[toŋ sampah]
tirar basura	menyampah	[mənjampah]
basurero (m)	tempat pemrosesan akhir (TPA)	[tempat pemrosesan ahir]

cabina (f) telefónica	gardu telepon umum	[gardu telepon umum]
farola (f)	tiang lampu	[tiaŋ lampu]
banco (m) (del parque)	bangku	[baŋku]

policía (m)	polisi	[polisi]
policía (f) (~ nacional)	polisi, kepolisian	[polisi], [kepolisian]
mendigo (m)	pengemis	[peŋemis]
persona (f) sin hogar	tuna wisma	[tuna wisma]

29. Las instituciones urbanas

tienda (f)	toko	[toko]
farmacia (f)	apotek, toko obat	[apotek], [toko obat]
óptica (f)	optik	[opti']
centro (m) comercial	toserba	[toserba]
supermercado (m)	pasar swalayan	[pasar swalajan]

panadería (f)	toko roti	[toko roti]
panadero (m)	pembuat roti	[pembuat roti]
pastelería (f)	toko kue	[toko kue]
tienda (f) de comestibles	toko pangan	[toko paŋan]
carnicería (f)	toko daging	[toko dagiŋ]

| verdulería (f) | toko sayur | [toko sajur] |
| mercado (m) | pasar | [pasar] |

cafetería (f)	warung kopi	[waruŋ kopi]
restaurante (m)	restoran	[restoran]
cervecería (f)	kedai bir	[kedaj bir]
pizzería (f)	kedai piza	[kedaj piza]

peluquería (f)	salon rambut	[salon rambut]
oficina (f) de correos	kantor pos	[kantor pos]
tintorería (f)	penatu kimia	[penatu kimia]
estudio (m) fotográfico	studio foto	[studio foto]

zapatería (f)	toko sepatu	[toko sepatu]
librería (f)	toko buku	[toko buku]
tienda (f) deportiva	toko alat olahraga	[toko alat olahraga]

arreglos (m pl) de ropa	reparasi pakaian	[reparasi pakajan]
alquiler (m) de ropa	rental pakaian	[rental pakajan]
videoclub (m)	rental film	[rental film]
circo (m)	sirkus	[sirkus]
zoológico (m)	kebun binatang	[kebun binataŋ]

cine (m)	bioskop	[bioskop]
museo (m)	museum	[museum]
biblioteca (f)	perpustakaan	[pərpustaka'an]

teatro (m)	teater	[teater]
ópera (f)	opera	[opera]
club (m) nocturno	klub malam	[klub malam]
casino (m)	kasino	[kasino]

mezquita (f)	masjid	[masʤid]
sinagoga (f)	sinagoga, kanisah	[sinagoga], [kanisah]
catedral (f)	katedral	[katedral]
templo (m)	kuil, candi	[kuil], [ʧandi]
iglesia (f)	gereja	[gereʤa]

instituto (m)	institut, perguruan tinggi	[institut], [pərguruan tiŋgi]
universidad (f)	universitas	[universitas]
escuela (f)	sekolah	[sekolah]

prefectura (f)	prefektur, distrik	[prefektur], [distri']
alcaldía (f)	balai kota	[balaj kota]
hotel (m)	hotel	[hotel]
banco (m)	bank	[ban']

embajada (f)	kedutaan besar	[keduta'an besar]
agencia (f) de viajes	kantor pariwisata	[kantor pariwisata]
oficina (f) de información	kantor penerangan	[kantor peneraŋan]
oficina (f) de cambio	kantor penukaran uang	[kantor penukaran uaŋ]

| metro (m) | kereta api bawah tanah | [kereta api bawah tanah] |
| hospital (m) | rumah sakit | [rumah sakit] |

| gasolinera (f) | SPBU, stasiun bensin | [es-pe-be-u], [stasjun bensin] |
| aparcamiento (m) | tempat parkir | [tempat parkir] |

30. Los avisos

letrero (m) (~ luminoso)	papan nama	[papan nama]
cartel (m) (texto escrito)	tulisan	[tulisan]
pancarta (f)	poster	[poster]
señal (m) de dirección	penunjuk arah	[penunʤju' arah]
flecha (f) (signo)	anak panah	[ana' panah]

advertencia (f)	peringatan	[periŋatan]
aviso (m)	tanda peringatan	[tanda periŋatan]
advertir (vt)	memperingatkan	[memperiŋatkan]

día (m) de descanso	hari libur	[hari libur]
horario (m)	jadwal	[ʤjadwal]
horario (m) de apertura	jam buka	[ʤjam buka]

¡BIENVENIDOS!	SELAMAT DATANG!	[selamat dataŋ!]
ENTRADA	MASUK	[masu']
SALIDA	KELUAR	[keluar]

EMPUJAR	**DORONG**	[doroŋ]
TIRAR	**TARIK**	[tariʔ]
ABIERTO	**BUKA**	[buka]
CERRADO	**TUTUP**	[tutup]

| MUJERES | **WANITA** | [wanita] |
| HOMBRES | **PRIA** | [pria] |

REBAJAS	**DISKON**	[diskon]
SALDOS	**OBRAL**	[obral]
NOVEDAD	**BARU!**	[baru!]
GRATIS	**GRATIS**	[gratis]

¡ATENCIÓN!	**PERHATIAN!**	[pərhatian!]
COMPLETO	**PENUH**	[penuh]
RESERVADO	**DIRESERVASI**	[direservasi]

| ADMINISTRACIÓN | **ADMINISTRASI** | [administrasi] |
| SÓLO PERSONAL AUTORIZADO | **KHUSUS STAF** | [husus staf] |

CUIDADO CON EL PERRO	**AWAS, ANJING GALAK!**	[awas], [andʒiŋ galaʔ!]
PROHIBIDO FUMAR	**DILARANG MEROKOK!**	[dilaraŋ merokoʔ!]
NO TOCAR	**JANGAN SENTUH!**	[dʒ'aŋan sentuh!]

PELIGROSO	**BERBAHAYA**	[bərbahaja]
PELIGRO	**BAHAYA**	[bahaja]
ALTA TENSIÓN	**TEGANGAN TINGGI**	[tegaŋan tiŋgi]
PROHIBIDO BAÑARSE	**DILARANG BERENANG!**	[dilaraŋ bərenaŋ!]
NO FUNCIONA	**RUSAK**	[rusaʔ]

| INFLAMABLE | **BAHAN MUDAH TERBAKAR** | [bahan mudah tərbakar] |

PROHIBIDO	**DILARANG**	[dilaraŋ]
PROHIBIDO EL PASO	**DILARANG MASUK!**	[dilaraŋ masuʔ!]
RECIÉN PINTADO	**AWAS CAT BASAH**	[awas tʃat basah]

31. Las compras

comprar (vt)	**membeli**	[membeli]
compra (f)	**belanjaan**	[belandʒ'aʔan]
hacer compras	**berbelanja**	[bərbelandʒ'a]
compras (f pl)	**berbelanja**	[bərbelandʒ'a]

| estar abierto (tienda) | **buka** | [buka] |
| estar cerrado | **tutup** | [tutup] |

calzado (m)	**sepatu**	[sepatu]
ropa (f)	**pakaian**	[pakajan]
cosméticos (m pl)	**kosmetik**	[kosmetiʔ]
productos alimenticios	**produk makanan**	[produʔ makanan]
regalo (m)	**hadiah**	[hadiah]
vendedor (m)	**pramuniaga**	[pramuniaga]
vendedora (f)	**pramuniaga perempuan**	[pramuniaga pərempuan]

caja (f)	kas	[kas]
espejo (m)	cermin	[tʃermin]
mostrador (m)	konter	[konter]
probador (m)	kamar pas	[kamar pas]

probar (un vestido)	mengepas	[məŋepas]
quedar (una ropa, etc.)	pas, cocok	[pas], [tʃotʃoʔ]
gustar (vi)	suka	[suka]

precio (m)	harga	[harga]
etiqueta (f) de precio	label harga	[label harga]
costar (vt)	berharga	[bərharga]
¿Cuánto?	Berapa?	[bərapa?]
descuento (m)	diskon	[diskon]

no costoso (adj)	tidak mahal	[tidaʔ mahal]
barato (adj)	murah	[murah]
caro (adj)	mahal	[mahal]
Es caro	Ini mahal	[ini mahal]

alquiler (m)	rental, persewaan	[rental], [pərsewaʔan]
alquilar (vt)	menyewa	[mənjewa]
crédito (m)	kredit	[kredit]
a crédito (adv)	secara kredit	[setʃara kredit]

LA ROPA Y LOS ACCESORIOS

32. La ropa exterior. Los abrigos

ropa (f)	pakaian	[pakajan]
ropa (f) de calle	pakaian luar	[pakajan luar]
ropa (f) de invierno	pakaian musim dingin	[pakajan musim diŋin]
abrigo (m)	mantel	[mantel]
abrigo (m) de piel	mantel bulu	[mantel bulu]
abrigo (m) corto de piel	jaket bulu	[dʒ'aket bulu]
chaqueta (f) plumón	jaket bulu halus	[dʒ'aket bulu halus]
cazadora (f)	jaket	[dʒ'aket]
impermeable (m)	jas hujan	[dʒ'as hudʒ'an]
impermeable (adj)	kedap air	[kedap air]

33. Ropa de hombre y mujer

camisa (f)	kemeja	[kemedʒ'a]
pantalones (m pl)	celana	[tʃelana]
jeans, vaqueros (m pl)	celana jins	[tʃelana dʒins]
chaqueta (f), saco (m)	jas	[dʒ'as]
traje (m)	setelan	[setelan]
vestido (m)	gaun	[gaun]
falda (f)	rok	[ro']
blusa (f)	blus	[blus]
rebeca (f),	jaket wol	[dʒ'aket wol]
chaqueta (f) de punto		
chaqueta (f)	jaket	[dʒ'aket]
camiseta (f) (T-shirt)	baju kaus	[badʒ'u kaus]
pantalones (m pl) cortos	celana pendek	[tʃelana pende']
traje (m) deportivo	pakaian olahraga	[pakajan olahraga]
bata (f) de baño	jubah mandi	[dʒ'ubah mandi]
pijama (m)	piyama	[piyama]
suéter (m)	sweter	[sweter]
pulóver (m)	pulover	[pulover]
chaleco (m)	rompi	[rompi]
frac (m)	jas berbuntut	[dʒ'as bərbuntut]
esmoquin (m)	jas malam	[dʒ'as malam]
uniforme (m)	seragam	[seragam]
ropa (f) de trabajo	pakaian kerja	[pakajan kerdʒ'a]
mono (m)	baju monyet	[badʒ'u monjet]
bata (f) (p. ej. ~ blanca)	jas	[dʒ'as]

34. La ropa. La ropa interior

ropa (f) interior	pakaian dalam	[pakajan dalam]
bóxer (m)	celana dalam lelaki	[ʧelana dalam lelaki]
bragas (f pl)	celana dalam wanita	[ʧelana dalam wanita]
camiseta (f) interior	singlet	[siŋlet]
calcetines (m pl)	kaus kaki	[kaus kaki]
camisón (m)	baju tidur	[badʒiu tidur]
sostén (m)	beha	[beha]
calcetines (m pl) altos	kaus kaki selutut	[kaus kaki selutut]
pantimedias (f pl)	pantihos	[pantihos]
medias (f pl)	kaus kaki panjang	[kaus kaki pandʒian]
traje (m) de baño	baju renang	[badʒiu renaŋ]

35. Gorras

gorro (m)	topi	[topi]
sombrero (m) de fieltro	topi bulat	[topi bulat]
gorra (f) de béisbol	topi bisbol	[topi bisbol]
gorra (f) plana	topi pet	[topi pet]
boina (f)	baret	[baret]
capuchón (m)	kerudung kepala	[keruduŋ kepala]
panamá (m)	topi panama	[topi panama]
gorro (m) de punto	topi rajut	[topi radʒiut]
pañuelo (m)	tudung kepala	[tuduŋ kepala]
sombrero (m) de mujer	topi wanita	[topi wanita]
casco (m) (~ protector)	topi baja	[topi badʒia]
gorro (m) de campaña	topi lipat	[topi lipat]
casco (m) (~ de moto)	helm	[helm]
bombín (m)	topi bulat	[topi bulat]
sombrero (m) de copa	topi tinggi	[topi tiŋgi]

36. El calzado

calzado (m)	sepatu	[sepatu]
botas (f pl)	sepatu bot	[sepatu bot]
zapatos (m pl) (~ de tacón bajo)	sepatu wanita	[sepatu wanita]
botas (f pl) altas	sepatu lars	[sepatu lars]
zapatillas (f pl)	pantofel	[pantofel]
tenis (m pl)	sepatu tenis	[sepatu tenis]
zapatillas (f pl) de lona	sepatu kets	[sepatu kets]
sandalias (f pl)	sandal	[sandal]
zapatero (m)	tukang sepatu	[tukaŋ sepatu]
tacón (m)	tumit	[tumit]

par (m)	**sepasang**	[sepasaŋ]
cordón (m)	**tali sepatu**	[tali sepatu]
encordonar (vt)	**mengikat tali**	[məŋikat tali]
calzador (m)	**sendok sepatu**	[sendo' sepatu]
betún (m)	**semir sepatu**	[semir sepatu]

37. Accesorios personales

guantes (m pl)	**sarung tangan**	[saruŋ taŋan]
manoplas (f pl)	**sarung tangan**	[saruŋ taŋan]
bufanda (f)	**selendang**	[selendaŋ]

gafas (f pl)	**kacamata**	[katʃamata]
montura (f)	**bingkai**	[biŋkaj]
paraguas (m)	**payung**	[pajuŋ]
bastón (m)	**tongkat jalan**	[toŋkat dʒ'alan]
cepillo (m) de pelo	**sikat rambut**	[sikat rambut]
abanico (m)	**kipas**	[kipas]

corbata (f)	**dasi**	[dasi]
pajarita (f)	**dasi kupu-kupu**	[dasi kupu-kupu]
tirantes (m pl)	**bretel**	[bretel]
moquero (m)	**sapu tangan**	[sapu taŋan]

peine (m)	**sisir**	[sisir]
pasador (m) de pelo	**jepit rambut**	[dʒ'epit rambut]
horquilla (f)	**harnal**	[harnal]
hebilla (f)	**gesper**	[gesper]

cinturón (m)	**sabuk**	[sabu']
correa (f) (de bolso)	**tali tas**	[tali tas]

bolsa (f)	**tas**	[tas]
bolso (m)	**tas tangan**	[tas taŋan]
mochila (f)	**ransel**	[ransel]

38. La ropa. Miscelánea

moda (f)	**mode**	[mode]
de moda (adj)	**modis**	[modis]
diseñador (m) de moda	**perancang busana**	[pərantʃaŋ busana]

cuello (m)	**kerah**	[kerah]
bolsillo (m)	**saku**	[saku]
de bolsillo (adj)	**saku**	[saku]
manga (f)	**lengan**	[leŋan]
presilla (f)	**tali kait**	[tali kait]
bragueta (f)	**golbi**	[golbi]

cremallera (f)	**ritsleting**	[ritsletiŋ]
cierre (m)	**kancing**	[kantʃiŋ]
botón (m)	**kancing**	[kantʃiŋ]

| ojal (m) | lubang kancing | [lubaŋ kantʃiŋ] |
| saltar (un botón) | terlepas | [tərlepas] |

coser (vi, vt)	menjahit	[məndʒiahit]
bordar (vt)	membordir	[membordir]
bordado (m)	bordiran	[bordiran]
aguja (f)	jarum	[dʒiarum]
hilo (m)	benang	[benaŋ]
costura (f)	setik	[setiʔ]

ensuciarse (vr)	kena kotor	[kena kotor]
mancha (f)	bercak	[bertʃaʔ]
arrugarse (vr)	kumal	[kumal]
rasgar (vt)	merobek	[merobeʔ]
polilla (f)	ngengat	[ŋeŋat]

39. Productos personales. Cosméticos

pasta (f) de dientes	pasta gigi	[pasta gigi]
cepillo (m) de dientes	sikat gigi	[sikat gigi]
limpiarse los dientes	menggosok gigi	[məŋgosoʔ gigi]

maquinilla (f) de afeitar	pisau cukur	[pisau tʃukur]
crema (f) de afeitar	krim cukur	[krim tʃukur]
afeitarse (vr)	bercukur	[bərtʃukur]

| jabón (m) | sabun | [sabun] |
| champú (m) | sampo | [sampo] |

tijeras (f pl)	gunting	[guntiŋ]
lima (f) de uñas	kikir kuku	[kikir kuku]
cortaúñas (m pl)	pemotong kuku	[pemotoŋ kuku]
pinzas (f pl)	pinset	[pinset]

cosméticos (m pl)	kosmetik	[kosmetiʔ]
mascarilla (f)	masker	[masker]
manicura (f)	manikur	[manikur]
hacer la manicura	melakukan manikur	[melakukan manikur]
pedicura (f)	pedi	[pedi]

bolsa (f) de maquillaje	tas kosmetik	[tas kosmetiʔ]
polvos (m pl)	bedak	[bedaʔ]
polvera (f)	kotak bedak	[kotaʔ bedaʔ]
colorete (m), rubor (m)	perona pipi	[perona pipi]

perfume (m)	parfum	[parfum]
agua (f) de tocador	minyak wangi	[minjaʔ waŋi]
loción (f)	losion	[losjon]
agua (f) de Colonia	kolonye	[kolone]

sombra (f) de ojos	pewarna mata	[pewarna mata]
lápiz (m) de ojos	pensil alis	[pensil alis]
rímel (m)	celak	[tʃelaʔ]
pintalabios (m)	lipstik	[lipstiʔ]

esmalte (m) de uñas	**kuteks, cat kuku**	[kuteks], [ʧat kuku]
fijador (m) para el pelo	**semprotan rambut**	[semprotan rambut]
desodorante (m)	**deodoran**	[deodoran]
crema (f)	**krim**	[krim]
crema (f) de belleza	**krim wajah**	[krim wadʒah]
crema (f) de manos	**krim tangan**	[krim taŋan]
crema (f) antiarrugas	**krim antikerut**	[krim antikerut]
crema (f) de día	**krim siang**	[krim siaŋ]
crema (f) de noche	**krim malam**	[krim malam]
de día (adj)	**siang**	[siaŋ]
de noche (adj)	**malam**	[malam]
tampón (m)	**tampon**	[tampon]
papel (m) higiénico	**kertas toilet**	[kertas toylet]
secador (m) de pelo	**pengering rambut**	[peŋeriŋ rambut]

40. Los relojes

reloj (m)	**arloji**	[arlodʒi]
esfera (f)	**piringan jam**	[piriŋan dʒam]
aguja (f)	**jarum**	[dʒarum]
pulsera (f)	**rantai arloji**	[rantaj arlodʒi]
correa (f) (del reloj)	**tali arloji**	[tali arlodʒi]
pila (f)	**baterai**	[bateraj]
descargarse (vr)	**mati**	[mati]
cambiar la pila	**mengganti baterai**	[məŋganti bateraj]
adelantarse (vr)	**cepat**	[ʧepat]
retrasarse (vr)	**terlambat**	[tərlambat]
reloj (m) de pared	**jam dinding**	[dʒam dindiŋ]
reloj (m) de arena	**jam pasir**	[dʒam pasir]
reloj (m) de sol	**jam matahari**	[dʒam matahari]
despertador (m)	**weker**	[weker]
relojero (m)	**tukang jam**	[tukaŋ dʒam]
reparar (vt)	**mereparasi, memperbaiki**	[mereparasi], [memperbajki]

LA EXPERIENCIA DIARIA

41. El dinero

dinero (m)	uang	[uaŋ]
cambio (m)	pertukaran mata uang	[pərtukaran mata uaŋ]
curso (m)	nilai tukar	[nilaj tukar]
cajero (m) automático	Anjungan Tunai Mandiri, ATM	[andʒiuŋan tunaj mandiri], [a-te-em]
moneda (f)	koin	[koin]
dólar (m)	dolar	[dolar]
euro (m)	euro	[euro]
lira (f)	lira	[lira]
marco (m) alemán	Mark Jerman	[mar² dʒierman]
franco (m)	franc	[frantʃ]
libra esterlina (f)	poundsterling	[paundsterliŋ]
yen (m)	yen	[yen]
deuda (f)	utang	[utaŋ]
deudor (m)	pengutang	[peŋutaŋ]
prestar (vt)	meminjamkan	[memindʒiamkan]
tomar prestado	meminjam	[memindʒiam]
banco (m)	bank	[ban²]
cuenta (f)	rekening	[rekeniŋ]
ingresar (~ en la cuenta)	memasukkan	[memasu²kan]
ingresar en la cuenta	memasukkan ke rekening	[memasu²kan ke rekeniŋ]
sacar de la cuenta	menarik uang	[mənari² uaŋ]
tarjeta (f) de crédito	kartu kredit	[kartu kredit]
dinero (m) en efectivo	uang kontan, uang tunai	[uaŋ kontan], [uaŋ tunaj]
cheque (m)	cek	[tʃe²]
sacar un cheque	menulis cek	[mənulis tʃe²]
talonario (m)	buku cek	[buku tʃe²]
cartera (f)	dompet	[dompet]
monedero (m)	dompet, pundi-pundi	[dompet], [pundi-pundi]
caja (f) fuerte	brankas	[brankas]
heredero (m)	pewaris	[pewaris]
herencia (f)	warisan	[warisan]
fortuna (f)	kekayaan	[kekaja²an]
arriendo (m)	sewa	[sewa]
alquiler (m) (dinero)	uang sewa	[uaŋ sewa]
alquilar (~ una casa)	menyewa	[mənjewa]
precio (m)	harga	[harga]
coste (m)	harga	[harga]

suma (f)	jumlah	[dʒˈumlah]
gastar (vt)	menghabiskan	[mɘŋhabiskan]
gastos (m pl)	ongkos	[oŋkos]
economizar (vi, vt)	menghemat	[mɘŋhemat]
económico (adj)	hemat	[hemat]

pagar (vi, vt)	membayar	[membajar]
pago (m)	pembayaran	[pembajaran]
cambio (m) (devolver el ~)	kembalian	[kembalian]

impuesto (m)	pajak	[padʒˈaʔ]
multa (f)	denda	[denda]
multar (vt)	mendenda	[mɘndenda]

42. La oficina de correos

oficina (f) de correos	kantor pos	[kantor pos]
correo (m) (cartas, etc.)	surat	[surat]
cartero (m)	tukang pos	[tukaŋ pos]
horario (m) de apertura	jam buka	[dʒˈam buka]

carta (f)	surat	[surat]
carta (f) certificada	surat tercatat	[surat tɘrtʃatat]
tarjeta (f) postal	kartu pos	[kartu pos]
telegrama (m)	telegram	[telegram]
paquete (m) postal	parsel, paket pos	[parsel], [paket pos]
giro (m) postal	wesel pos	[wesel pos]

recibir (vt)	menerima	[mɘnerima]
enviar (vt)	mengirim	[mɘŋirim]
envío (m)	pengiriman	[peŋiriman]
dirección (f)	alamat	[alamat]
código (m) postal	kode pos	[kode pos]
expedidor (m)	pengirim	[peŋirim]
destinatario (m)	penerima	[penerima]

nombre (m)	nama	[nama]
apellido (m)	nama keluarga	[nama keluarga]
tarifa (f)	tarif	[tarif]
ordinario (adj)	biasa, standar	[biasa], [standar]
económico (adj)	ekonomis	[ekonomis]

peso (m)	berat	[berat]
pesar (~ una carta)	menimbang	[menimbaŋ]
sobre (m)	amplop	[amplop]
sello (m)	prangko	[praŋko]
poner un sello	menempelkan prangko	[mɘnempelkan praŋko]

43. La banca

| banco (m) | bank | [banʔ] |
| sucursal (f) | cabang | [ʧabaŋ] |

| consultor (m) | konsultan | [konsultan] |
| gerente (m) | manajer | [manadʒ'er] |

cuenta (f)	rekening	[rekeniŋ]
numero (m) de la cuenta	nomor rekening	[nomor rekeniŋ]
cuenta (f) corriente	rekening koran	[rekeniŋ koran]
cuenta (f) de ahorros	rekening simpanan	[rekeniŋ simpanan]

abrir una cuenta	membuka rekening	[membuka rekeniŋ]
cerrar la cuenta	menutup rekening	[mənutup rekeniŋ]
ingresar en la cuenta	memasukkan ke rekening	[memasu'kan ke rekeniŋ]
sacar de la cuenta	menarik uang	[mənari' uaŋ]

depósito (m)	deposito	[deposito]
hacer un depósito	melakukan setoran	[melakukan setoran]
giro (m) bancario	transfer kawat	[transfer kawat]
hacer un giro	mentransfer	[məntransfer]

| suma (f) | jumlah | [dʒ'umlah] |
| ¿Cuánto? | Berapa? | [bərapa?] |

| firma (f) (nombre) | tanda tangan | [tanda taŋan] |
| firmar (vt) | menandatangani | [mənandataŋani] |

tarjeta (f) de crédito	kartu kredit	[kartu kredit]
código (m)	kode	[kode]
número (m) de tarjeta de crédito	nomor kartu kredit	[nomor kartu kredit]
cajero (m) automático	Anjungan Tunai Mandiri, ATM	[andʒ'uŋan tunaj mandiri], [a-te-em]

cheque (m)	cek	[tʃe']
sacar un cheque	menulis cek	[mənulis tʃe']
talonario (m)	buku cek	[buku tʃe']

crédito (m)	kredit, pinjaman	[kredit], [pindʒ'aman]
pedir el crédito	meminta kredit	[meminta kredit]
obtener un crédito	mendapatkan kredit	[mendapatkan kredit]
conceder un crédito	memberikan kredit	[memberikan kredit]
garantía (f)	jaminan	[dʒ'aminan]

44. El teléfono. Las conversaciones telefónicas

teléfono (m)	telepon	[telepon]
teléfono (m) móvil	ponsel	[ponsel]
contestador (m)	mesin penjawab panggilan	[mesin pendʒ'awab paŋgilan]

| llamar, telefonear | menelepon | [mənelepon] |
| llamada (f) | panggilan telepon | [paŋgilan telepon] |

marcar un número	memutar nomor telepon	[memutar nomor telepon]
¿Sí?, ¿Dígame?	Halo!	[halo!]
preguntar (vt)	bertanya	[bərtanja]
responder (vi, vt)	menjawab	[məndʒ'awab]

oír (vt)	mendengar	[məndeŋar]
bien (adv)	baik	[baj']
mal (adv)	buruk, jelek	[buruk], [dʒ'ele']
ruidos (m pl)	bising, gangguan	[bisiŋ], [gaŋguan]

auricular (m)	gagang	[gagaŋ]
descolgar (el teléfono)	mengangkat telepon	[məŋaŋkat telepon]
colgar el auricular	menutup telepon	[mənutup telepon]

ocupado (adj)	sibuk	[sibu']
sonar (teléfono)	berdering	[bərderiŋ]
guía (f) de teléfonos	buku telepon	[buku telepon]

local (adj)	lokal	[lokal]
llamada (f) local	panggilan lokal	[paŋgilan lokal]
de larga distancia	interlokal	[interlokal]
llamada (f) de larga distancia	panggilan interlokal	[paŋgilan interlokal]
internacional (adj)	internasional	[internasional]
llamada (f) internacional	panggilan internasional	[paŋgilan internasional]

45. El teléfono celular

teléfono (m) móvil	ponsel	[ponsel]
pantalla (f)	layar	[lajar]
botón (m)	kenop	[kenop]
tarjeta SIM (f)	kartu SIM	[kartu sim]

pila (f)	baterai	[bateraj]
descargarse (vr)	mati	[mati]
cargador (m)	pengisi baterai, pengecas	[peŋisi bateraj], [peŋetʃas]

menú (m)	menu	[menu]
preferencias (f pl)	penyetelan	[penjetelan]
melodía (f)	nada panggil	[nada paŋgil]
seleccionar (vt)	memilih	[memilih]

calculadora (f)	kalkulator	[kalkulator]
contestador (m)	penjawab telepon	[pendʒ'awab telepon]
despertador (m)	weker	[weker]
contactos (m pl)	buku telepon	[buku telepon]

mensaje (m) de texto	pesan singkat	[pesan siŋkat]
abonado (m)	pelanggan	[pelaŋgan]

46. Los artículos de escritorio. La papelería

bolígrafo (m)	bolpen	[bolpen]
pluma (f) estilográfica	pena celup	[pena tʃelup]

lápiz (m)	pensil	[pensil]
marcador (m)	spidol	[spidol]
rotulador (m)	spidol	[spidol]

bloc (m) de notas	**buku catatan**	[buku tʃatatan]
agenda (f)	**agenda**	[agenda]
regla (f)	**mistar, penggaris**	[mistar], [peŋgaris]
calculadora (f)	**kalkulator**	[kalkulator]
goma (f) de borrar	**karet penghapus**	[karet peŋhapus]
chincheta (f)	**paku payung**	[paku pajuŋ]
clip (m)	**penjepit kertas**	[pendʒⁱepit kertas]
cola (f), pegamento (m)	**lem**	[lem]
grapadora (f)	**stapler**	[stapler]
perforador (m)	**alat pelubang kertas**	[alat pelubaŋ kertas]
sacapuntas (m)	**rautan pensil**	[rautan pensil]

47. Los idiomas extranjeros

lengua (f)	**bahasa**	[bahasa]
extranjero (adj)	**asing**	[asiŋ]
lengua (f) extranjera	**bahasa asing**	[bahasa asiŋ]
estudiar (vt)	**mempelajari**	[mempeladʒⁱari]
aprender (ingles, etc.)	**belajar**	[beladʒⁱar]
leer (vi, vt)	**membaca**	[membatʃa]
hablar (vi, vt)	**berbicara**	[berbitʃara]
comprender (vt)	**mengerti**	[meŋerti]
escribir (vt)	**menulis**	[menulis]
rápidamente (adv)	**cepat, fasih**	[tʃepat], [fasih]
lentamente (adv)	**perlahan-lahan**	[perlahan-lahan]
con fluidez (adv)	**fasih**	[fasih]
reglas (f pl)	**peraturan**	[peraturan]
gramática (f)	**tatabahasa**	[tatabahasa]
vocabulario (m)	**kosakata**	[kosakata]
fonética (f)	**fonetik**	[foneti']
manual (m)	**buku pelajaran**	[buku peladʒⁱaran]
diccionario (m)	**kamus**	[kamus]
manual (m) autodidáctico	**buku autodidak**	[buku autodida']
guía (f) de conversación	**panduan percakapan**	[panduan pertʃakapan]
casete (m)	**kaset**	[kaset]
videocasete (f)	**kaset video**	[kaset video]
disco compacto, CD (m)	**cakram kompak**	[tʃakram kompa']
DVD (m)	**cakram DVD**	[tʃakram di-vi-di]
alfabeto (m)	**alfabet, abjad**	[alfabet], [abdʒⁱad]
deletrear (vt)	**mengeja**	[meŋedʒⁱa]
pronunciación (f)	**pelafalan**	[pelafalan]
acento (m)	**aksen**	[aksen]
con acento	**dengan aksen**	[deŋan aksen]
sin acento	**tanpa aksen**	[tanpa aksen]
palabra (f)	**kata**	[kata]

significado (m)	**arti**	[arti]
cursos (m pl)	**kursus**	[kursus]
inscribirse (vr)	**Mendaftar**	[məndaftar]
profesor (m) (~ de inglés)	**guru**	[guru]

traducción (f) (proceso)	**penerjemahan**	[penerdʒˈemahan]
traducción (f) (texto)	**terjemahan**	[tərdʒˈemahan]
traductor (m)	**penerjemah**	[penerdʒˈemah]
intérprete (m)	**juru bahasa**	[dʒˈuru bahasa]

| políglota (m) | **poliglot** | [poliglot] |
| memoria (f) | **memori, daya ingat** | [memori], [daja iŋat] |

LAS COMIDAS. EL RESTAURANTE

48. Los cubiertos

cuchara (f)	**sendok**	[sendoʔ]
cuchillo (m)	**pisau**	[pisau]
tenedor (m)	**garpu**	[garpu]
taza (f)	**cangkir**	[ʧaŋkir]
plato (m)	**piring**	[piriŋ]
platillo (m)	**alas cangkir**	[alas ʧaŋkir]
servilleta (f)	**serbet**	[serbet]
mondadientes (m)	**tusuk gigi**	[tusuʔ gigi]

49. El restaurante

restaurante (m)	**restoran**	[restoran]
cafetería (f)	**warung kopi**	[waruŋ kopi]
bar (m)	**bar**	[bar]
salón (m) de té	**warung teh**	[waruŋ teh]
camarero (m)	**pelayan lelaki**	[pelajan lelaki]
camarera (f)	**pelayan perempuan**	[pelajan pərempuan]
barman (m)	**pelayan bar**	[pelajan bar]
carta (f), menú (m)	**menu**	[menu]
carta (f) de vinos	**daftar anggur**	[daftar aŋgur]
reservar una mesa	**memesan meja**	[memesan medʒʲa]
plato (m)	**masakan, hidangan**	[masakan], [hidaŋan]
pedir (vt)	**memesan**	[memesan]
hacer un pedido	**memesan**	[memesan]
aperitivo (m)	**aperitif**	[aperitif]
entremés (m)	**makanan ringan**	[makanan riŋan]
postre (m)	**hidangan penutup**	[hidaŋan penutup]
cuenta (f)	**bon**	[bon]
pagar la cuenta	**membayar bon**	[membajar bon]
dar la vuelta	**memberikan uang kembalian**	[memberikan uaŋ kembalian]
propina (f)	**tip**	[tip]

50. Las comidas

comida (f)	**makanan**	[makanan]
comer (vi, vt)	**makan**	[makan]

desayuno (m)	**makan pagi, sarapan**	[makan pagi], [sarapan]
desayunar (vi)	**sarapan**	[sarapan]
almuerzo (m)	**makan siang**	[makan siaŋ]
almorzar (vi)	**makan siang**	[makan siaŋ]
cena (f)	**makan malam**	[makan malam]
cenar (vi)	**makan malam**	[makan malam]
apetito (m)	**nafsu makan**	[nafsu makan]
¡Que aproveche!	**Selamat makan!**	[selamat makan!]
abrir (vt)	**membuka**	[membuka]
derramar (líquido)	**menumpahkan**	[mənumpahkan]
hervir (vi)	**mendidih**	[məndidih]
hervir (vt)	**mendidihkan**	[məndidihkan]
hervido (agua ~a)	**masak**	[masaʔ]
enfriar (vt)	**mendinginkan**	[məndiŋinkan]
enfriarse (vr)	**mendingin**	[məndiŋin]
sabor (m)	**rasa**	[rasa]
regusto (m)	**nuansa rasa**	[nuansa rasa]
adelgazar (vi)	**berdiet**	[berdiet]
dieta (f)	**diet, pola makan**	[diet], [pola makan]
vitamina (f)	**vitamin**	[vitamin]
caloría (f)	**kalori**	[kalori]
vegetariano (m)	**vegetarian**	[vegetarian]
vegetariano (adj)	**vegetarian**	[vegetarian]
grasas (f pl)	**lemak**	[lemaʔ]
proteínas (f pl)	**protein**	[protein]
carbohidratos (m pl)	**karbohidrat**	[karbohidrat]
loncha (f)	**irisan**	[irisan]
pedazo (m)	**potongan**	[potoŋan]
miga (f)	**remah**	[remah]

51. Los platos

plato (m)	**masakan, hidangan**	[masakan], [hidaŋan]
cocina (f)	**masakan**	[masakan]
receta (f)	**resep**	[resep]
porción (f)	**porsi**	[porsi]
ensalada (f)	**salada**	[salada]
sopa (f)	**sup**	[sup]
caldo (m)	**kaldu**	[kaldu]
bocadillo (m)	**roti lapis**	[roti lapis]
huevos (m pl) fritos	**telur mata sapi**	[telur mata sapi]
hamburguesa (f)	**hamburger**	[hamburger]
bistec (m)	**bistik**	[bistiʔ]
guarnición (f)	**lauk**	[lauʔ]

espagueti (m)	spageti	[spageti]
puré (m) de patatas	kentang tumbuk	[kentaŋ tumbu']
pizza (f)	piza	[piza]
gachas (f pl)	bubur	[bubur]
tortilla (f) francesa	telur dadar	[telur dadar]
cocido en agua (adj)	rebus	[rebus]
ahumado (adj)	asap	[asap]
frito (adj)	goreng	[goreŋ]
seco (adj)	kering	[keriŋ]
congelado (adj)	beku	[beku]
marinado (adj)	marinade	[marinade]
azucarado, dulce (adj)	manis	[manis]
salado (adj)	asin	[asin]
frío (adj)	dingin	[diŋin]
caliente (adj)	panas	[panas]
amargo (adj)	pahit	[pahit]
sabroso (adj)	enak	[ena']
cocer en agua	merebus	[merebus]
preparar (la cena)	memasak	[memasa']
freír (vt)	menggoreng	[məŋgoreŋ]
calentar (vt)	memanaskan	[memanaskan]
salar (vt)	menggarami	[məŋgarami]
poner pimienta	membubuh merica	[membubuh meritʃa]
rallar (vt)	memarut	[memarut]
piel (f)	kulit	[kulit]
pelar (vt)	mengupas	[məŋupas]

52. La comida

carne (f)	daging	[dagiŋ]
gallina (f)	ayam	[ajam]
pollo (m)	anak ayam	[ana' ajam]
pato (m)	bebek	[bebe']
ganso (m)	angsa	[aŋsa]
caza (f) menor	binatang buruan	[binataŋ buruan]
pava (f)	kalkun	[kalkun]
carne (f) de cerdo	daging babi	[dagiŋ babi]
carne (f) de ternera	daging anak sapi	[dagiŋ ana' sapi]
carne (f) de carnero	daging domba	[dagiŋ domba]
carne (f) de vaca	daging sapi	[dagiŋ sapi]
conejo (m)	kelinci	[kelintʃi]
salchichón (m)	sosis	[sosis]
salchicha (f)	sosis	[sosis]
beicon (m)	bakon	[beykon]
jamón (m)	ham, daging kornet	[ham], [dagiŋ kornet]
jamón (m) fresco	ham	[ham]
paté (m)	pasta	[pasta]
hígado (m)	hati	[hati]

| carne (f) picada | daging giling | [dagiŋ giliŋ] |
| lengua (f) | lidah | [lidah] |

huevo (m)	telur	[telur]
huevos (m pl)	telur	[telur]
clara (f)	putih telur	[putih telur]
yema (f)	kuning telur	[kuniŋ telur]

pescado (m)	ikan	[ikan]
mariscos (m pl)	makanan laut	[makanan laut]
crustáceos (m pl)	krustasea	[krustasea]
caviar (m)	caviar	[kaviar]

cangrejo (m) de mar	kepiting	[kepitiŋ]
camarón (m)	udang	[udaŋ]
ostra (f)	tiram	[tiram]
langosta (f)	lobster berduri	[lobster bərduri]
pulpo (m)	gurita	[gurita]
calamar (m)	cumi-cumi	[ʧumi-ʧumi]

esturión (m)	ikan sturgeon	[ikan sturʤien]
salmón (m)	salmon	[salmon]
fletán (m)	ikan turbot	[ikan turbot]

bacalao (m)	ikan kod	[ikan kod]
caballa (f)	ikan kembung	[ikan kembuŋ]
atún (m)	tuna	[tuna]
anguila (f)	belut	[belut]

trucha (f)	ikan forel	[ikan forel]
sardina (f)	sarden	[sarden]
lucio (m)	ikan pike	[ikan paik]
arenque (m)	ikan haring	[ikan hariŋ]

pan (m)	roti	[roti]
queso (m)	keju	[keʤiu]
azúcar (m)	gula	[gula]
sal (f)	garam	[garam]

arroz (m)	beras, nasi	[beras], [nasi]
macarrones (m pl)	makaroni	[makaroni]
tallarines (m pl)	mi	[mi]

mantequilla (f)	mentega	[məntega]
aceite (m) vegetal	minyak nabati	[minja' nabati]
aceite (m) de girasol	minyak bunga matahari	[minja' buŋa matahari]
margarina (f)	margarin	[margarin]

| olivas, aceitunas (f pl) | buah zaitun | [buah zajtun] |
| aceite (m) de oliva | minyak zaitun | [minja' zajtun] |

leche (f)	susu	[susu]
leche (f) condensada	susu kental	[susu kental]
yogur (m)	yogurt	[yogurt]
nata (f) agria	krim asam	[krim asam]
nata (f) líquida	krim, kepala susu	[krim], [kepala susu]

mayonesa (f)	mayones	[majones]
crema (f) de mantequilla	krim	[krim]
cereales (m pl) integrales	menir	[menir]
harina (f)	tepung	[təpuŋ]
conservas (f pl)	makanan kalengan	[makanan kaleŋan]
copos (m pl) de maíz	emping jagung	[empiŋ dʒʲaguŋ]
miel (f)	madu	[madu]
confitura (f)	selai	[selaj]
chicle (m)	permen karet	[pərmen karet]

53. Las bebidas

agua (f)	air	[air]
agua (f) potable	air minum	[air minum]
agua (f) mineral	air mineral	[air mineral]
sin gas	tanpa gas	[tanpa gas]
gaseoso (adj)	berkarbonasi	[bərkarbonasi]
con gas	bergas	[bərgas]
hielo (m)	es	[es]
con hielo	dengan es	[deŋan es]
sin alcohol	tanpa alkohol	[tanpa alkohol]
bebida (f) sin alcohol	minuman ringan	[minuman riŋan]
refresco (m)	minuman penygar	[minuman penigar]
limonada (f)	limun	[limun]
bebidas (f pl) alcohólicas	minoman beralkohol	[minoman bəralkohol]
vino (m)	anggur	[aŋgur]
vino (m) blanco	anggur putih	[aŋgur putih]
vino (m) tinto	anggur merah	[aŋgur merah]
licor (m)	likeur	[likeur]
champaña (f)	sampanye	[sampanje]
vermú (m)	vermouth	[vermut]
whisky (m)	wiski	[wiski]
vodka (m)	vodka	[vodka]
ginebra (f)	jin, jenewer	[dʒin], [dʒʲenewer]
coñac (m)	konyak	[konjaʔ]
ron (m)	rum	[rum]
café (m)	kopi	[kopi]
café (m) solo	kopi pahit	[kopi pahit]
café (m) con leche	kopi susu	[kopi susu]
capuchino (m)	cappuccino	[kaputʃino]
café (m) soluble	kopi instan	[kopi instan]
leche (f)	susu	[susu]
cóctel (m)	koktail	[koktajl]
batido (m)	susu kocok	[susu kotʃoʔ]
zumo (m), jugo (m)	jus	[dʒʲus]

jugo (m) de tomate	jus tomat	[dʒius tomat]
zumo (m) de naranja	jus jeruk	[dʒius dʒieru']
zumo (m) fresco	jus peras	[dʒius pəras]
cerveza (f)	bir	[bir]
cerveza (f) rubia	bir putih	[bir putih]
cerveza (f) negra	bir hitam	[bir hitam]
té (m)	teh	[teh]
té (m) negro	teh hitam	[teh hitam]
té (m) verde	teh hijau	[teh hidʒiau]

54. Las verduras

legumbres (f pl)	sayuran	[sajuran]
verduras (f pl)	sayuran hijau	[sajuran hidʒiau]
tomate (m)	tomat	[tomat]
pepino (m)	mentimun, ketimun	[məntimun], [ketimun]
zanahoria (f)	wortel	[wortel]
patata (f)	kentang	[kentaŋ]
cebolla (f)	bawang	[bawaŋ]
ajo (m)	bawang putih	[bawaŋ putih]
col (f)	kol	[kol]
coliflor (f)	kembang kol	[kembaŋ kol]
col (f) de Bruselas	kol Brussels	[kol brusels]
brócoli (m)	brokoli	[brokoli]
remolacha (f)	ubi bit merah	[ubi bit merah]
berenjena (f)	terung, terong	[teruŋ], [teroŋ]
calabacín (m)	labu siam	[labu siam]
calabaza (f)	labu	[labu]
nabo (m)	turnip	[turnip]
perejil (m)	peterseli	[peterseli]
eneldo (m)	adas sowa	[adas sowa]
lechuga (f)	selada	[selada]
apio (m)	seledri	[seledri]
espárrago (m)	asparagus	[asparagus]
espinaca (f)	bayam	[bajam]
guisante (m)	kacang polong	[katʃaŋ poloŋ]
habas (f pl)	kacang-kacangan	[katʃaŋ-katʃaŋan]
maíz (m)	jagung	[dʒiaguŋ]
fréjol (m)	kacang buncis	[katʃaŋ buntʃis]
pimiento (m) dulce	cabai	[tʃabaj]
rábano (m)	radis	[radis]
alcachofa (f)	artisyok	[artiʃo']

55. Las frutas. Las nueces

fruto (m)	buah	[buah]
manzana (f)	apel	[apel]
pera (f)	pir	[pir]
limón (m)	jeruk sitrun	[dʒˡeruʔ sitrun]
naranja (f)	jeruk manis	[dʒˡeruʔ manis]
fresa (f)	stroberi	[stroberi]
mandarina (f)	jeruk mandarin	[dʒˡeruʔ mandarin]
ciruela (f)	plum	[plum]
melocotón (m)	persik	[persiʔ]
albaricoque (m)	aprikot	[aprikot]
frambuesa (f)	buah frambus	[buah frambus]
piña (f)	nanas	[nanas]
banana (f)	pisang	[pisaŋ]
sandía (f)	semangka	[semaŋka]
uva (f)	buah anggur	[buah aŋgur]
guinda (f)	buah ceri asam	[buah tʃeri asam]
cereza (f)	buah ceri manis	[buah tʃeri manis]
melón (m)	melon	[melon]
pomelo (m)	jeruk Bali	[dʒˡeruʔ bali]
aguacate (m)	avokad	[avokad]
papaya (f)	pepaya	[pepaja]
mango (m)	mangga	[maŋga]
granada (f)	buah delima	[buah delima]
grosella (f) roja	redcurrant	[redkaren]
grosella (f) negra	blackcurrant	[bleʔkaren]
grosella (f) espinosa	buah arbei hijau	[buah arbei hidʒˡau]
arándano (m)	buah bilberi	[buah bilberi]
zarzamoras (f pl)	beri hitam	[beri hitam]
pasas (f pl)	kismis	[kismis]
higo (m)	buah ara	[buah ara]
dátil (m)	buah kurma	[buah kurma]
cacahuete (m)	kacang tanah	[katʃaŋ tanah]
almendra (f)	badam	[badam]
nuez (f)	buah walnut	[buah walnut]
avellana (f)	kacang hazel	[katʃaŋ hazel]
nuez (f) de coco	buah kelapa	[buah kelapa]
pistachos (m pl)	badam hijau	[badam hidʒˡau]

56. El pan. Los dulces

pasteles (m pl)	kue-mue	[kue-mue]
pan (m)	roti	[roti]
galletas (f pl)	biskuit	[biskuit]
chocolate (m)	cokelat	[tʃokelat]
de chocolate (adj)	cokelat	[tʃokelat]

caramelo (m)	**permen**	[pərmen]
tarta (f) (pequeña)	**kue**	[kue]
tarta (f) (~ de cumpleaños)	**kue tar**	[kue tar]
tarta (f) (~ de manzana)	**pai**	[pai]
relleno (m)	**inti**	[inti]
confitura (f)	**selai buah utuh**	[selaj buah utuh]
mermelada (f)	**marmelade**	[marmelade]
gofre (m)	**wafel**	[wafel]
helado (m)	**es krim**	[es krim]
pudin (m)	**puding**	[pudiŋ]

57. Las especias

sal (f)	**garam**	[garam]
salado (adj)	**asin**	[asin]
salar (vt)	**menggarami**	[məŋgarami]
pimienta (f) negra	**merica**	[meritʃa]
pimienta (f) roja	**cabai merah**	[tʃabaj merah]
mostaza (f)	**mustar**	[mustar]
rábano (m) picante	**lobak pedas**	[loba' pedas]
condimento (m)	**bumbu**	[bumbu]
especia (f)	**rempah-rempah**	[rempah-rempah]
salsa (f)	**saus**	[saus]
vinagre (m)	**cuka**	[tʃuka]
anís (m)	**adas manis**	[adas manis]
albahaca (f)	**selasih**	[selasih]
clavo (m)	**cengkih**	[tʃeŋkih]
jengibre (m)	**jahe**	[dʒʲahe]
cilantro (m)	**ketumbar**	[ketumbar]
canela (f)	**kayu manis**	[kaju manis]
sésamo (m)	**wijen**	[widʒʲen]
hoja (f) de laurel	**daun salam**	[daun salam]
paprika (f)	**cabai**	[tʃabaj]
comino (m)	**jintan**	[dʒintan]
azafrán (m)	**kuma-kuma**	[kuma-kuma]

LA INFORMACIÓN PERSONAL. LA FAMILIA

58. La información personal. Los formularios

nombre (m)	nama, nama depan	[nama], [nama depan]
apellido (m)	nama keluarga	[nama keluarga]
fecha (f) de nacimiento	tanggal lahir	[taŋgal lahir]
lugar (m) de nacimiento	tempat lahir	[tempat lahir]
nacionalidad (f)	kebangsaan	[kebaŋsa'an]
domicilio (m)	tempat tinggal	[tempat tiŋgal]
país (m)	negara, negeri	[negara], [negeri]
profesión (f)	profesi	[profesi]
sexo (m)	jenis kelamin	[dʒ'enis kelamin]
estatura (f)	tinggi badan	[tiŋgi badan]
peso (m)	berat	[berat]

59. Los familiares. Los parientes

madre (f)	ibu	[ibu]
padre (m)	ayah	[ajah]
hijo (m)	anak lelaki	[ana' lelaki]
hija (f)	anak perempuan	[ana' perempuan]
hija (f) menor	anak perempuan bungsu	[ana' perempuan buŋsu]
hijo (m) menor	anak lelaki bungsu	[ana' lelaki buŋsu]
hija (f) mayor	anak perempuan sulung	[ana' perempuan suluŋ]
hijo (m) mayor	anak lelaki sulung	[ana' lelaki suluŋ]
hermano (m)	saudara lelaki	[saudara lelaki]
hermano (m) mayor	kakak lelaki	[kaka' lelaki]
hermano (m) menor	adik lelaki	[adi' lelaki]
hermana (f)	saudara perempuan	[saudara perempuan]
hermana (f) mayor	kakak perempuan	[kaka' perempuan]
hermana (f) menor	adik perempuan	[adi' perempuan]
primo (m)	sepupu lelaki	[sepupu lelaki]
prima (f)	sepupu perempuan	[sepupu perempuan]
mamá (f)	mama, ibu	[mama], [ibu]
papá (m)	papa, ayah	[papa], [ajah]
padres (pl)	orang tua	[oraŋ tua]
niño -a (m, f)	anak	[ana']
niños (pl)	anak-anak	[ana'-ana']
abuela (f)	nenek	[nene']
abuelo (m)	kakek	[kake']

nieto (m)	cucu laki-laki	[ʧuʧu laki-laki]
nieta (f)	cucu perempuan	[ʧuʧu pərempuan]
nietos (pl)	cucu	[ʧuʧu]

tío (m)	paman	[paman]
tía (f)	bibi	[bibi]
sobrino (m)	keponakan laki-laki	[keponakan laki-laki]
sobrina (f)	keponakan perempuan	[keponakan pərempuan]

suegra (f)	ibu mertua	[ibu mertua]
suegro (m)	ayah mertua	[ajah mertua]
yerno (m)	menantu laki-laki	[mənantu laki-laki]
madrastra (f)	ibu tiri	[ibu tiri]
padrastro (m)	ayah tiri	[ajah tiri]

niño (m) de pecho	bayi	[baji]
bebé (m)	bayi	[baji]
chico (m)	bocah cilik	[boʧah ʧili']

mujer (f)	istri	[istri]
marido (m)	suami	[suami]
esposo (m)	suami	[suami]
esposa (f)	istri	[istri]

casado (adj)	menikah, beristri	[mənikah], [bəristri]
casada (adj)	menikah, bersuami	[mənikah], [bərsuami]
soltero (adj)	bujang	[budʒ'aŋ]
soltero (m)	bujang	[budʒ'aŋ]
divorciado (adj)	bercerai	[bərʧeraj]
viuda (f)	janda	[dʒ'anda]
viudo (m)	duda	[duda]

pariente (m)	kerabat	[kerabat]
pariente (m) cercano	kerabat dekat	[kerabat dekat]
pariente (m) lejano	kerabat jauh	[kerabat dʒ'auh]
parientes (pl)	kerabat, sanak saudara	[kerabat], [sana' saudara]

huérfano (m), huérfana (f)	yatim piatu	[yatim piatu]
tutor (m)	wali	[wali]
adoptar (un niño)	mengadopsi	[məŋadopsi]
adoptar (una niña)	mengadopsi	[məŋadopsi]

60. Los amigos. Los compañeros del trabajo

amigo (m)	sahabat	[sahabat]
amiga (f)	sahabat	[sahabat]
amistad (f)	persahabatan	[pərsahabatan]
ser amigo	bersahabat	[bərsahabat]

amigote (m)	teman	[teman]
amiguete (f)	teman	[teman]
compañero (m)	mitra	[mitra]
jefe (m)	atasan	[atasan]
superior (m)	atasan	[atasan]

propietario (m)	**pemilik**	[pemiliˀ]
subordinado (m)	**bawahan**	[bawahan]
colega (m, f)	**kolega**	[kolega]

conocido (m)	**kenalan**	[kenalan]
compañero (m) de viaje	**rekan seperjalanan**	[rekan seperdʒʲalanan]
condiscípulo (m)	**teman sekelas**	[teman sekelas]

vecino (m)	**tetangga**	[tetaŋga]
vecina (f)	**tetangga**	[tetaŋga]
vecinos (pl)	**para tetangga**	[para tetaŋga]

EL CUERPO. LA MEDICINA

61. La cabeza

cabeza (f)	**kepala**	[kepala]
cara (f)	**wajah**	[waʤ'ah]
nariz (f)	**hidung**	[hiduŋ]
boca (f)	**mulut**	[mulut]
ojo (m)	**mata**	[mata]
ojos (m pl)	**mata**	[mata]
pupila (f)	**pupil, biji mata**	[pupil], [biʤi mata]
ceja (f)	**alis**	[alis]
pestaña (f)	**bulu mata**	[bulu mata]
párpado (m)	**kelopak mata**	[kelopa' mata]
lengua (f)	**lidah**	[lidah]
diente (m)	**gigi**	[gigi]
labios (m pl)	**bibir**	[bibir]
pómulos (m pl)	**tulang pipi**	[tulaŋ pipi]
encía (f)	**gusi**	[gusi]
paladar (m)	**langit-langit mulut**	[laŋit-laŋit mulut]
ventanas (f pl)	**lubang hidung**	[lubaŋ hiduŋ]
mentón (m)	**dagu**	[dagu]
mandíbula (f)	**rahang**	[rahaŋ]
mejilla (f)	**pipi**	[pipi]
frente (f)	**dahi**	[dahi]
sien (f)	**pelipis**	[pelipis]
oreja (f)	**telinga**	[teliŋa]
nuca (f)	**tengkuk**	[teŋku']
cuello (m)	**leher**	[leher]
garganta (f)	**tenggorok**	[teŋgoro']
pelo, cabello (m)	**rambut**	[rambut]
peinado (m)	**tatanan rambut**	[tatanan rambut]
corte (m) de pelo	**potongan rambut**	[potoŋan rambut]
peluca (f)	**wig, rambut palsu**	[wig], [rambut palsu]
bigote (m)	**kumis**	[kumis]
barba (f)	**janggut**	[ʤ'aŋgut]
tener (~ la barba)	**memelihara**	[memelihara]
trenza (f)	**kepang**	[kepaŋ]
patillas (f pl)	**brewok**	[brewo']
pelirrojo (adj)	**merah pirang**	[merah piraŋ]
gris, canoso (adj)	**beruban**	[bəruban]
calvo (adj)	**botak, plontos**	[botak], [plontos]
calva (f)	**botak**	[bota']

| cola (f) de caballo | ekor kuda | [ekor kuda] |
| flequillo (m) | poni rambut | [poni rambut] |

62. El cuerpo

| mano (f) | tangan | [taŋan] |
| brazo (m) | lengan | [leŋan] |

dedo (m)	jari	[dʒʲari]
dedo (m) del pie	jari	[dʒʲari]
dedo (m) pulgar	jempol	[dʒʲempol]
dedo (m) meñique	jari kelingking	[dʒʲari keliŋkiŋ]
uña (f)	kuku	[kuku]

puño (m)	kepalan tangan	[kepalan taŋan]
palma (f)	telapak	[telapaʔ]
muñeca (f)	pergelangan	[pərgelaŋan]
antebrazo (m)	lengan bawah	[leŋan bawah]
codo (m)	siku	[siku]
hombro (m)	bahu	[bahu]

pierna (f)	kaki	[kaki]
planta (f)	telapak kaki	[telapaʔ kaki]
rodilla (f)	lutut	[lutut]
pantorrilla (f)	betis	[betis]
cadera (f)	paha	[paha]
talón (m)	tumit	[tumit]

cuerpo (m)	tubuh	[tubuh]
vientre (m)	perut	[perut]
pecho (m)	dada	[dada]
seno (m)	payudara	[pajudara]
lado (m), costado (m)	rusuk	[rusuʔ]
espalda (f)	punggung	[puŋguŋ]
zona (f) lumbar	pinggang bawah	[piŋgaŋ bawah]
cintura (f), talle (m)	pinggang	[piŋgaŋ]

ombligo (m)	pusar	[pusar]
nalgas (f pl)	pantat	[pantat]
trasero (m)	pantat	[pantat]

lunar (m)	tanda lahir	[tanda lahir]
marca (f) de nacimiento	tanda lahir	[tanda lahir]
tatuaje (m)	tato	[tato]
cicatriz (f)	parut luka	[parut luka]

63. Las enfermedades

enfermedad (f)	penyakit	[penjakit]
estar enfermo	sakit	[sakit]
salud (f)	kesehatan	[kesehatan]
resfriado (m) (coriza)	hidung meler	[hiduŋ meler]

angina (f)	radang tonsil	[radaŋ tonsil]
resfriado (m)	pilek, selesma	[pilek], [selesma]
resfriarse (vr)	masuk angin	[masu' aŋin]

bronquitis (f)	bronkitis	[bronkitis]
pulmonía (f)	radang paru-paru	[radaŋ paru-paru]
gripe (f)	flu	[flu]

miope (adj)	rabun jauh	[rabun dʒˈauh]
présbita (adj)	rabun dekat	[rabun dekat]
estrabismo (m)	mata juling	[mata dʒˈuliŋ]
estrábico (m) (adj)	bermata juling	[bermata dʒˈuliŋ]
catarata (f)	katarak	[katara']
glaucoma (m)	glaukoma	[glaukoma]

insulto (m)	stroke	[stroke]
ataque (m) cardiaco	infark	[infar']
infarto (m) de miocardio	serangan jantung	[seraŋan dʒˈantuŋ]
parálisis (f)	kelumpuhan	[kelumpuhan]
paralizar (vt)	melumpuhkan	[melumpuhkan]

alergia (f)	alergi	[alergi]
asma (f)	asma	[asma]
diabetes (f)	diabetes	[diabetes]

| dolor (m) de muelas | sakit gigi | [sakit gigi] |
| caries (f) | karies | [karies] |

diarrea (f)	diare	[diare]
estreñimiento (m)	konstipasi, sembelit	[konstipasi], [sembelit]
molestia (f) estomacal	gangguan pencernaan	[gaŋuan pentʃarna'an]
envenenamiento (m)	keracunan makanan	[keratʃunan makanan]
envenenarse (vr)	keracunan makanan	[keratʃunan makanan]

artritis (f)	artritis	[artritis]
raquitismo (m)	rakitis	[rakitis]
reumatismo (m)	rematik	[remati']
ateroesclerosis (f)	aterosklerosis	[aterosklerosis]

gastritis (f)	radang perut	[radaŋ pərut]
apendicitis (f)	apendisitis	[apendisitis]
colecistitis (f)	radang pundi empedu	[radaŋ pundi empedu]
úlcera (f)	tukak lambung	[tuka' lambuŋ]

sarampión (m)	penyakit campak	[penjakit tʃampa']
rubeola (f)	penyakit campak Jerman	[penjakit tʃampa' dʒˈerman]
ictericia (f)	sakit kuning	[sakit kuniŋ]
hepatitis (f)	hepatitis	[hepatitis]

esquizofrenia (f)	skizofrenia	[skizofrenia]
rabia (f) (hidrofobia)	rabies	[rabies]
neurosis (f)	neurosis	[neurosis]
conmoción (f) cerebral	gegar otak	[gegar ota']

| cáncer (m) | kanker | [kanker] |
| esclerosis (f) | sklerosis | [sklerosis] |

esclerosis (m) múltiple	sklerosis multipel	[sklerosis multipel]
alcoholismo (m)	alkoholisme	[alkoholisme]
alcohólico (m)	alkoholik	[alkoholi']
sífilis (f)	sifilis	[sifilis]
SIDA (m)	AIDS	[ajds]

tumor (m)	tumor	[tumor]
maligno (adj)	ganas	[ganas]
benigno (adj)	jinak	[dʒina']

fiebre (f)	demam	[demam]
malaria (f)	malaria	[malaria]
gangrena (f)	gangren	[gaŋren]
mareo (m)	mabuk laut	[mabu' laut]
epilepsia (f)	epilepsi	[epilepsi]

epidemia (f)	epidemi	[epidemi]
tifus (m)	tifus	[tifus]
tuberculosis (f)	tuberkulosis	[tuberkulosis]
cólera (f)	kolera	[kolera]
peste (f)	penyakit pes	[penjakit pes]

64. Los síntomas. Los tratamientos. Unidad 1

síntoma (m)	gejala	[gedʒ'ala]
temperatura (f)	temperatur, suhu	[temperatur], [suhu]
fiebre (f)	temperatur tinggi	[temperatur tiŋgi]
pulso (m)	denyut nadi	[denyut nadi]

mareo (m) (vértigo)	rasa pening	[rasa peniŋ]
caliente (adj)	panas	[panas]
escalofrío (m)	menggigil	[məŋgigil]
pálido (adj)	pucat	[putʃat]

tos (f)	batuk	[batu']
toser (vi)	batuk	[batu']
estornudar (vi)	bersin	[bersin]
desmayo (m)	pingsan	[piŋsan]
desmayarse (vr)	jatuh pingsan	[dʒ'atuh piŋsan]

moradura (f)	luka memar	[luka memar]
chichón (m)	bengkak	[beŋka']
golpearse (vr)	terantuk	[tərantu']
magulladura (f)	luka memar	[luka memar]
magullarse (vr)	kena luka memar	[kena luka memar]

cojear (vi)	pincang	[pintʃaŋ]
dislocación (f)	keseleo	[keseleo]
dislocar (vt)	keseleo	[keseleo]
fractura (f)	fraktura, patah tulang	[fraktura], [patah tulaŋ]
tener una fractura	patah tulang	[patah tulaŋ]

| corte (m) (tajo) | teriris | [təriris] |
| cortarse (vr) | teriris | [təriris] |

hemorragia (f)	perdarahan	[pərdarahan]
quemadura (f)	luka bakar	[luka bakar]
quemarse (vr)	menderita luka bakar	[mənderita luka bakar]

pincharse (~ el dedo)	menusuk	[mənusu']
pincharse (vr)	tertusuk	[tərtusu']
herir (vt)	melukai	[melukaj]
herida (f)	cedera	[tʃedera]
lesión (f) (herida)	luka	[luka]
trauma (m)	trauma	[trauma]

delirar (vi)	mengigau	[məɲigau]
tartamudear (vi)	gagap	[gagap]
insolación (f)	sengatan matahari	[seɲatan matahari]

65. Los síntomas. Los tratamientos. Unidad 2

| dolor (m) | sakit | [sakit] |
| astilla (f) | selumbar | [selumbar] |

sudor (m)	keringat	[keriŋat]
sudar (vi)	berkeringat	[bərkeriŋat]
vómito (m)	muntah	[muntah]
convulsiones (f pl)	kram	[kram]

embarazada (adj)	hamil	[hamil]
nacer (vi)	lahir	[lahir]
parto (m)	persalinan	[pərsalinan]
dar a luz	melahirkan	[melahirkan]
aborto (m)	aborsi	[aborsi]

respiración (f)	pernapasan	[pərnapasan]
inspiración (f)	tarikan napas	[tarikan napas]
espiración (f)	napas keluar	[napas keluar]
espirar (vi)	mengembuskan napas	[məɲembuskan napas]
inspirar (vi)	menarik napas	[mənari' napas]

inválido (m)	penderita cacat	[penderita tʃatʃat]
mutilado (m)	penderita cacat	[penderita tʃatʃat]
drogadicto (m)	pecandu narkoba	[petʃandu narkoba]

sordo (adj)	tunarungu	[tunaruŋu]
mudo (adj)	tunawicara	[tunawitʃara]
sordomudo (adj)	tunarungu-wicara	[tunaruŋu-witʃara]

loco (adj)	gila	[gila]
loco (m)	lelaki gila	[lelaki gila]
loca (f)	perempuan gila	[pərempuan gila]
volverse loco	menggila	[məŋgila]

gen (m)	gen	[gen]
inmunidad (f)	imunitas	[imunitas]
hereditario (adj)	turun-temurun	[turun-temurun]
de nacimiento (adj)	bawaan	[bawa'an]

virus (m)	virus	[virus]
microbio (m)	mikroba	[mikroba]
bacteria (f)	bakteri	[bakteri]
infección (f)	infeksi	[infeksi]

66. Los síntomas. Los tratamientos. Unidad 3

hospital (m)	rumah sakit	[rumah sakit]
paciente (m)	pasien	[pasien]
diagnosis (f)	diagnosis	[diagnosis]
cura (f)	perawatan	[pərawatan]
tratamiento (m)	pengobatan medis	[peŋobatan medis]
curarse (vr)	berobat	[berobat]
tratar (vt)	merawat	[merawat]
cuidar (a un enfermo)	merawat	[merawat]
cuidados (m pl)	pengasuhan	[peŋasuhan]
operación (f)	operasi, pembedahan	[operasi], [pembedahan]
vendar (vt)	membalut	[membalut]
vendaje (m)	pembalutan	[pembalutan]
vacunación (f)	vaksinasi	[vaksinasi]
vacunar (vt)	memvaksinasi	[memvaksinasi]
inyección (f)	suntikan	[suntikan]
aplicar una inyección	menyuntik	[mənyunti']
ataque (m)	serangan	[seraŋan]
amputación (f)	amputasi	[amputasi]
amputar (vt)	mengamputasi	[məŋamputasi]
coma (m)	koma	[koma]
estar en coma	dalam keadaan koma	[dalam keada'an koma]
revitalización (f)	perawatan intensif	[pərawatan intensif]
recuperarse (vr)	sembuh	[sembuh]
estado (m) (de salud)	keadaan	[keada'an]
consciencia (f)	kesadaran	[kesadaran]
memoria (f)	memori, daya ingat	[memori], [daja iŋat]
extraer (un diente)	mencabut	[mənt͡ʃabut]
empaste (m)	tambalan	[tambalan]
empastar (vt)	menambal	[mənambal]
hipnosis (f)	hipnosis	[hipnosis]
hipnotizar (vt)	menghipnosis	[məŋhipnosis]

67. La medicina. Las drogas. Los accesorios

medicamento (m), droga (f)	obat	[obat]
remedio (m)	obat	[obat]
prescribir (vt)	meresepkan	[meresepkan]
receta (f)	resep	[resep]

tableta (f)	**pil, tablet**	[pil], [tablet]
ungüento (m)	**salep**	[salep]
ampolla (f)	**ampul**	[ampul]
mixtura (f), mezcla (f)	**obat cair**	[obat tʃajr]
sirope (m)	**sirop**	[sirop]
píldora (f)	**pil**	[pil]
polvo (m)	**bubuk**	[bubuʔ]
venda (f)	**perban**	[perban]
algodón (m) (discos de ~)	**kapas**	[kapas]
yodo (m)	**iodium**	[iodium]
tirita (f), curita (f)	**plester obat**	[plester obat]
pipeta (f)	**tetes mata**	[tetes mata]
termómetro (m)	**termometer**	[tərmometər]
jeringa (f)	**alat suntik**	[alat suntiʔ]
silla (f) de ruedas	**kursi roda**	[kursi roda]
muletas (f pl)	**kruk**	[kruʔ]
anestésico (m)	**obat bius**	[obat bius]
purgante (m)	**laksatif, obat pencuci perut**	[laksatif], [obat pentʃutʃi pərut]
alcohol (m)	**spiritus, alkohol**	[spiritus], [alkohol]
hierba (f) medicinal	**tanaman obat**	[tanaman obat]
de hierbas (té ~)	**herbal**	[herbal]

EL APARTAMENTO

68. El apartamento

apartamento (m)	**apartemen**	[apartemen]
habitación (f)	**kamar**	[kamar]
dormitorio (m)	**kamar tidur**	[kamar tidur]
comedor (m)	**ruang makan**	[ruaŋ makan]
salón (m)	**ruang tamu**	[ruaŋ tamu]
despacho (m)	**ruang kerja**	[ruaŋ kerdʒʲa]
antecámara (f)	**ruang depan**	[ruaŋ depan]
cuarto (m) de baño	**kamar mandi**	[kamar mandi]
servicio (m)	**kamar kecil**	[kamar ketʃil]
techo (m)	**plafon, langit-langit**	[plafon], [laŋit-laŋit]
suelo (m)	**lantai**	[lantaj]
rincón (m)	**sudut**	[sudut]

69. Los muebles. El interior

muebles (m pl)	**mebel**	[mebel]
mesa (f)	**meja**	[medʒʲa]
silla (f)	**kursi**	[kursi]
cama (f)	**ranjang**	[randʒʲaŋ]
sofá (m)	**dipan**	[dipan]
sillón (m)	**kursi malas**	[kursi malas]
librería (f)	**lemari buku**	[lemari buku]
estante (m)	**rak**	[raʔ]
armario (m)	**lemari pakaian**	[lemari pakajan]
percha (f)	**kapstok**	[kapstoʔ]
perchero (m) de pie	**kapstok berdiri**	[kapstoʔ bərdiri]
cómoda (f)	**lemari laci**	[lemari latʃi]
mesa (f) de café	**meja kopi**	[medʒʲa kopi]
espejo (m)	**cermin**	[tʃermin]
tapiz (m)	**permadani**	[pərmadani]
alfombra (f)	**karpet kecil**	[karpet ketʃil]
chimenea (f)	**perapian**	[pərapian]
vela (f)	**lilin**	[lilin]
candelero (m)	**kaki lilin**	[kaki lilin]
cortinas (f pl)	**gorden**	[gorden]
empapelado (m)	**kertas dinding**	[kertas dindiŋ]

estor (m) de láminas	kerai	[keraj]
lámpara (f) de mesa	lampu meja	[lampu medʒ'a]
aplique (m)	lampu dinding	[lampu dindiŋ]
lámpara (f) de pie	lampu lantai	[lampu lantaj]
lámpara (f) de araña	lampu bercabang	[lampu bərʧabaŋ]

pata (f) (~ de la mesa)	kaki	[kaki]
brazo (m)	lengan	[leŋan]
espaldar (m)	sandaran	[sandaran]
cajón (m)	laci	[laʧi]

70. Los accesorios de cama

ropa (f) de cama	kain kasur	[kain kasur]
almohada (f)	bantal	[bantal]
funda (f)	sarung bantal	[saruŋ bantal]
manta (f)	selimut	[selimut]
sábana (f)	seprai	[sepraj]
sobrecama (f)	selubung kasur	[selubuŋ kasur]

71. La cocina

cocina (f)	dapur	[dapur]
gas (m)	gas	[gas]
cocina (f) de gas	kompor gas	[kompor gas]
cocina (f) eléctrica	kompor listrik	[kompor listri']
horno (m)	oven	[oven]
horno (m) microondas	microwave	[majkrowav]

frigorífico (m)	lemari es, kulkas	[lemari es], [kulkas]
congelador (m)	lemari pembeku	[lemari pembeku]
lavavajillas (m)	mesin pencuci piring	[mesin penʧuʧi piriŋ]

picadora (f) de carne	alat pelumat daging	[alat pelumat dagiŋ]
exprimidor (m)	mesin sari buah	[mesin sari buah]
tostador (m)	alat pemanggang roti	[alat pemaŋgaŋ roti]
batidora (f)	pencampur	[penʧampur]

cafetera (f) (aparato de cocina)	mesin pembuat kopi	[mesin pembuat kopi]
cafetera (f) (para servir)	teko kopi	[teko kopi]
molinillo (m) de café	mesin penggiling kopi	[mesin peŋgiliŋ kopi]

hervidor (m) de agua	cerek	[ʧere']
tetera (f)	teko	[teko]
tapa (f)	tutup	[tutup]
colador (m) de té	saringan teh	[sariŋan teh]

cuchara (f)	sendok	[sendo']
cucharilla (f)	sendok teh	[sendo' teh]
cuchara (f) de sopa	sendok makan	[sendo' makan]
tenedor (m)	garpu	[garpu]

cuchillo (m)	pisau	[pisau]
vajilla (f)	piring mangkuk	[piriŋ maŋkuʔ]
plato (m)	piring	[piriŋ]
platillo (m)	alas cangkir	[alas tʃaŋkir]

vaso (m) de chupito	seloki	[seloki]
vaso (m) (~ de agua)	gelas	[gelas]
taza (f)	cangkir	[tʃaŋkir]

azucarera (f)	wadah gula	[wadah gula]
salero (m)	wadah garam	[wadah garam]
pimentero (m)	wadah merica	[wadah meritʃa]
mantequera (f)	wadah mentega	[wadah mentega]

cacerola (f)	panci	[pantʃi]
sartén (f)	kuali	[kuali]
cucharón (m)	sudu	[sudu]
colador (m)	saringan	[sariŋan]
bandeja (f)	talam	[talam]

botella (f)	botol	[botol]
tarro (m) de vidrio	gelas	[gelas]
lata (f)	kaleng	[kaleŋ]

abrebotellas (m)	pembuka botol	[pembuka botol]
abrelatas (m)	pembuka kaleng	[pembuka kaleŋ]
sacacorchos (m)	kotrek	[kotreʔ]
filtro (m)	saringan	[sariŋan]
filtrar (vt)	saringan	[sariŋan]

| basura (f) | sampah | [sampah] |
| cubo (m) de basura | tong sampah | [toŋ sampah] |

72. El baño

cuarto (m) de baño	kamar mandi	[kamar mandi]
agua (f)	air	[air]
grifo (m)	keran	[keran]
agua (f) caliente	air panas	[air panas]
agua (f) fría	air dingin	[air diŋin]

pasta (f) de dientes	pasta gigi	[pasta gigi]
limpiarse los dientes	menggosok gigi	[məŋgosoʔ gigi]
cepillo (m) de dientes	sikat gigi	[sikat gigi]

afeitarse (vr)	bercukur	[bərtʃukur]
espuma (f) de afeitar	busa cukur	[busa tʃukur]
maquinilla (f) de afeitar	pisau cukur	[pisau tʃukur]

lavar (vt)	mencuci	[məntʃutʃi]
darse un baño	mandi	[mandi]
ducha (f)	pancuran	[pantʃuran]
darse una ducha	mandi pancuran	[mandi pantʃuran]
bañera (f)	bak mandi	[baʔ mandi]

| inodoro (m) | kloset | [kloset] |
| lavabo (m) | wastafel | [wastafel] |

| jabón (m) | sabun | [sabun] |
| jabonera (f) | wadah sabun | [wadah sabun] |

esponja (f)	spons	[spons]
champú (m)	sampo	[sampo]
toalla (f)	handuk	[handuʔ]
bata (f) de baño	jubah mandi	[dʒˈubah mandi]

colada (f), lavado (m)	pencucian	[pentʃutʃian]
lavadora (f)	mesin cuci	[mesin tʃutʃi]
lavar la ropa	mencuci	[məntʃutʃi]
detergente (m) en polvo	deterjen cuci	[deterdʒˈen tʃutʃi]

73. Los aparatos domésticos

televisor (m)	pesawat TV	[pesawat ti-vi]
magnetófono (m)	alat perekam	[alat perekam]
vídeo (m)	video, VCR	[vidio], [vi-si-er]
radio (m)	radio	[radio]
reproductor (m) (~ MP3)	pemutar	[pemutar]

proyector (m) de vídeo	proyektor video	[proektor video]
sistema (m) home cinema	bioskop rumah	[bioskop rumah]
reproductor (m) de DVD	pemutar DVD	[pemutar di-vi-di]
amplificador (m)	penguat	[peŋuat]
videoconsola (f)	konsol permainan video	[konsol permajnan video]

cámara (f) de vídeo	kamera video	[kamera video]
cámara (f) fotográfica	kamera	[kamera]
cámara (f) digital	kamera digital	[kamera digital]

aspirador (m), aspiradora (f)	pengisap debu	[peɲisap debu]
plancha (f)	setrika	[setrika]
tabla (f) de planchar	papan setrika	[papan setrika]

teléfono (m)	telepon	[telepon]
teléfono (m) móvil	ponsel	[ponsel]
máquina (f) de escribir	mesin ketik	[mesin ketiʔ]
máquina (f) de coser	mesin jahit	[mesin dʒˈahit]

micrófono (m)	mikrofon	[mikrofon]
auriculares (m pl)	headphone, fonkepala	[headphone], [fonkepala]
mando (m) a distancia	panel kendali	[panel kendali]

CD (m)	cakram kompak	[tʃakram kompaʔ]
casete (m)	kaset	[kaset]
disco (m) de vinilo	piringan hitam	[piriŋan hitam]

LA TIERRA. EL TIEMPO

74. El espacio

cosmos (m)	**angkasa**	[aŋkasa]
espacial, cósmico (adj)	**angkasa**	[aŋkasa]
espacio (m) cósmico	**ruang angkasa**	[ruaŋ aŋkasa]
mundo (m)	**dunia**	[dunia]
universo (m)	**jagat raya**	[dʒagat raja]
galaxia (f)	**galaksi**	[galaksi]
estrella (f)	**bintang**	[bintaŋ]
constelación (f)	**gugusan bintang**	[gugusan bintaŋ]
planeta (m)	**planet**	[planet]
satélite (m)	**satelit**	[satelit]
meteorito (m)	**meteorit**	[meteorit]
cometa (m)	**komet**	[komet]
asteroide (m)	**asteroid**	[asteroid]
órbita (f)	**orbit**	[orbit]
girar (vi)	**berputar**	[bərputar]
atmósfera (f)	**atmosfer**	[atmosfer]
Sol (m)	**matahari**	[matahari]
sistema (m) solar	**tata surya**	[tata surja]
eclipse (m) de Sol	**gerhana matahari**	[gerhana matahari]
Tierra (f)	**Bumi**	[bumi]
Luna (f)	**Bulan**	[bulan]
Marte (m)	**Mars**	[mars]
Venus (f)	**Venus**	[venus]
Júpiter (m)	**Yupiter**	[yupiter]
Saturno (m)	**Saturnus**	[saturnus]
Mercurio (m)	**Merkurius**	[merkurius]
Urano (m)	**Uranus**	[uranus]
Neptuno (m)	**Neptunus**	[neptunus]
Plutón (m)	**Pluto**	[pluto]
la Vía Láctea	**Bimasakti**	[bimasakti]
la Osa Mayor	**Ursa Major**	[ursa madʒor]
la Estrella Polar	**Bintang Utara**	[bintaŋ utara]
marciano (m)	**makhluk Mars**	[mahlu' mars]
extraterrestre (m)	**makhluk ruang angkasa**	[mahlu' ruaŋ aŋkasa]
planetícola (m)	**alien, makhluk asing**	[alien], [mahlu' asiŋ]
platillo (m) volante	**piring terbang**	[piriŋ tərbaŋ]
nave (f) espacial	**kapal antariksa**	[kapal antariksa]

| estación (f) orbital | stasiun antariksa | [stasiun antariksa] |
| despegue (m) | peluncuran | [peluntʃuran] |

motor (m)	mesin	[mesin]
tobera (f)	nosel	[nosel]
combustible (m)	bahan bakar	[bahan bakar]

carlinga (f)	kokpit	[kokpit]
antena (f)	antena	[antena]
ventana (f)	jendela	[dʒendela]
batería (f) solar	sel surya	[sel surja]
escafandra (f)	pakaian antariksa	[pakajan antariksa]

ingravidez (f)	keadaan tanpa bobot	[keadaʔan tanpa bobot]
oxígeno (m)	oksigen	[oksigen]
atraque (m)	penggabungan	[peŋgabuŋan]
realizar el atraque	bergabung	[bərgabuŋ]

observatorio (m)	observatorium	[observatorium]
telescopio (m)	teleskop	[teleskop]
observar (vt)	mengamati	[məŋamati]
explorar (~ el universo)	mengeksplorasi	[məŋeksplorasi]

75. La tierra

Tierra (f)	Bumi	[bumi]
globo (m) terrestre	bola Bumi	[bola bumi]
planeta (m)	planet	[planet]

atmósfera (f)	atmosfer	[atmosfer]
geografía (f)	geografi	[geografi]
naturaleza (f)	alam	[alam]
globo (m) terráqueo	globe	[globe]
mapa (m)	peta	[peta]
atlas (m)	atlas	[atlas]

Europa (f)	Eropa	[eropa]
Asia (f)	Asia	[asia]
África (f)	Afrika	[afrika]
Australia (f)	Australia	[australia]

América (f)	Amerika	[amerika]
América (f) del Norte	Amerika Utara	[amerika utara]
América (f) del Sur	Amerika Selatan	[amerika selatan]

| Antártida (f) | Antartika | [antartika] |
| Ártico (m) | Arktika | [arktika] |

76. Los puntos cardinales

| norte (m) | utara | [utara] |
| al norte | ke utara | [ke utara] |

| en el norte | di utara | [di utara] |
| del norte (adj) | utara | [utara] |

sur (m)	selatan	[selatan]
al sur	ke selatan	[ke selatan]
en el sur	di selatan	[di selatan]
del sur (adj)	selatan	[selatan]

oeste (m)	barat	[barat]
al oeste	ke barat	[ke barat]
en el oeste	di barat	[di barat]
del oeste (adj)	barat	[barat]

este (m)	timur	[timur]
al este	ke timur	[ke timur]
en el este	di timur	[di timur]
del este (adj)	timur	[timur]

77. El mar. El océano

mar (m)	laut	[laut]
océano (m)	samudra	[samudra]
golfo (m)	teluk	[teluʔ]
estrecho (m)	selat	[selat]

| tierra (f) firme | daratan | [daratan] |
| continente (m) | benua | [benua] |

isla (f)	pulau	[pulau]
península (f)	semenanjung, jazirah	[semenandʒiuŋ], [dʒiazirah]
archipiélago (m)	kepulauan	[kepulauan]

bahía (f)	teluk	[teluʔ]
ensenada, bahía (f)	pelabuhan	[pelabuhan]
laguna (f)	laguna	[laguna]
cabo (m)	tanjung	[tandʒiuŋ]

atolón (m)	pulau karang	[pulau karaŋ]
arrecife (m)	terumbu	[tərumbu]
coral (m)	karang	[karaŋ]
arrecife (m) de coral	terumbu karang	[tərumbu karaŋ]

profundo (adj)	dalam	[dalam]
profundidad (f)	kedalaman	[kedalaman]
abismo (m)	jurang	[dʒiuraŋ]
fosa (f) oceánica	palung	[paluŋ]

| corriente (f) | arus | [arus] |
| bañar (rodear) | berbatasan dengan | [bərbatasan deŋan] |

orilla (f)	pantai	[pantaj]
costa (f)	pantai	[pantaj]
flujo (m)	air pasang	[air pasaŋ]
reflujo (m)	air surut	[air surut]

| banco (m) de arena | beting | [betiŋ] |
| fondo (m) | dasar | [dasar] |

ola (f)	gelombang	[gelombaŋ]
cresta (f) de la ola	puncak gelombang	[puntʃaʼ gelombaŋ]
espuma (f)	busa, buih	[busa], [buih]

tempestad (f)	badai	[badaj]
huracán (m)	topan	[topan]
tsunami (m)	tsunami	[tsunami]
bonanza (f)	angin tenang	[aŋin tenaŋ]
calmo, tranquilo	tenang	[tenaŋ]

| polo (m) | kutub | [kutub] |
| polar (adj) | kutub | [kutub] |

latitud (f)	lintang	[lintaŋ]
longitud (f)	garis bujur	[garis budʒʲur]
paralelo (m)	sejajar	[sedʒʲadʒʲar]
ecuador (m)	khatulistiwa	[hatulistiwa]

cielo (m)	langit	[laŋit]
horizonte (m)	horizon	[horizon]
aire (m)	udara	[udara]

faro (m)	mercusuar	[mertʃusuar]
bucear (vi)	menyelam	[menjelam]
hundirse (vr)	karam	[karam]
tesoros (m pl)	harta karun	[harta karun]

78. Los nombres de los mares y los océanos

océano (m) Atlántico	Samudra Atlantik	[samudra atlantiʼ]
océano (m) Índico	Samudra Hindia	[samudra hindia]
océano (m) Pacífico	Samudra Pasifik	[samudra pasifiʼ]
océano (m) Glacial Ártico	Samudra Arktik	[samudra arktiʼ]

mar (m) Negro	Laut Hitam	[laut hitam]
mar (m) Rojo	Laut Merah	[laut merah]
mar (m) Amarillo	Laut Kuning	[laut kuniŋ]
mar (m) Blanco	Laut Putih	[laut putih]

mar (m) Caspio	Laut Kaspia	[laut kaspia]
mar (m) Muerto	Laut Mati	[laut mati]
mar (m) Mediterráneo	Laut Tengah	[laut teŋah]

| mar (m) Egeo | Laut Aegean | [laut aegean] |
| mar (m) Adriático | Laut Adriatik | [laut adriatiʼ] |

mar (m) Arábigo	Laut Arab	[laut arab]
mar (m) del Japón	Laut Jepang	[laut dʒʲepaŋ]
mar (m) de Bering	Laut Bering	[laut beriŋ]
mar (m) de la China Meridional	Laut Cina Selatan	[laut tʃina selatan]

mar (m) del Coral	Laut Karang	[laut karaŋ]
mar (m) de Tasmania	Laut Tasmania	[laut tasmania]
mar (m) Caribe	Laut Karibia	[laut karibia]

| mar (m) de Barents | Laut Barents | [laut barents] |
| mar (m) de Kara | Laut Kara | [laut kara] |

mar (m) del Norte	Laut Utara	[laut utara]
mar (m) Báltico	Laut Baltik	[laut balti ʔ]
mar (m) de Noruega	Laut Norwegia	[laut norwegia]

79. Las montañas

montaña (f)	gunung	[gunuŋ]
cadena (f) de montañas	jajaran gunung	[dʒʲadʒʲaran gunuŋ]
cresta (f) de montañas	sisir gunung	[sisir gunuŋ]

cima (f)	puncak	[puntʃaʔ]
pico (m)	puncak	[puntʃaʔ]
pie (m)	kaki	[kaki]
cuesta (f)	lereng	[lereŋ]

volcán (m)	gunung api	[gunuŋ api]
volcán (m) activo	gunung api yang aktif	[gunuŋ api yaŋ aktif]
volcán (m) apagado	gunung api yang tidak aktif	[gunuŋ api yaŋ tidaʔ aktif]

erupción (f)	erupsi, letusan	[erupsi], [letusan]
cráter (m)	kawah	[kawah]
magma (m)	magma	[magma]
lava (f)	lava, lahar	[lava], [lahar]
fundido (lava ~a)	pijar	[pidʒʲar]
cañón (m)	kanyon	[kanjon]
desfiladero (m)	jurang	[dʒʲuraŋ]
grieta (f)	celah	[tʃelah]
precipicio (m)	jurang	[dʒʲuraŋ]

puerto (m) (paso)	pass, celah	[pass], [tʃelah]
meseta (f)	plato, dataran tinggi	[plato], [dataran tiŋgi]
roca (f)	tebing	[tebiŋ]
colina (f)	bukit	[bukit]

glaciar (m)	gletser	[gletser]
cascada (f)	air terjun	[air tərdʒʲun]
geiser (m)	geiser	[geyser]
lago (m)	danau	[danau]

llanura (f)	dataran	[dataran]
paisaje (m)	landskap	[landskap]
eco (m)	gema	[gema]

alpinista (m)	pendaki gunung	[pendaki gunuŋ]
escalador (m)	pemanjat tebing	[pemandʒʲat tebiŋ]
conquistar (vt)	menaklukkan	[mənakluʔkan]
ascensión (f)	pendakian	[pendakian]

80. Los nombres de las montañas

Alpes (m pl)	**Alpen**	[alpen]
Montblanc (m)	**Mont Blanc**	[mon blan]
Pirineos (m pl)	**Pirenia**	[pirenia]
Cárpatos (m pl)	**Pegunungan Karpatia**	[pegunuŋan karpatia]
Urales (m pl)	**Pegunungan Ural**	[pegunuŋan ural]
Cáucaso (m)	**Kaukasus**	[kaukasus]
Elbrus (m)	**Elbrus**	[elbrus]
Altai (m)	**Altai**	[altaj]
Tian-Shan (m)	**Tien Shan**	[tjen ʃan]
Pamir (m)	**Pegunungan Pamir**	[pegunuŋan pamir]
Himalayos (m pl)	**Himalaya**	[himalaja]
Everest (m)	**Everest**	[everest]
Andes (m pl)	**Andes**	[andes]
Kilimanjaro (m)	**Kilimanjaro**	[kilimandʒʲaro]

81. Los ríos

río (m)	**sungai**	[suŋaj]
manantial (m)	**mata air**	[mata air]
lecho (m) (curso de agua)	**badan sungai**	[badan suŋaj]
cuenca (f) fluvial	**basin**	[basin]
desembocar en …	**mengalir ke …**	[məŋalir ke …]
afluente (m)	**anak sungai**	[ana' suŋaj]
ribera (f)	**tebing sungai**	[tebiŋ suŋaj]
corriente (f)	**arus**	[arus]
río abajo (adv)	**ke hilir**	[ke hilir]
río arriba (adv)	**ke hulu**	[ke hulu]
inundación (f)	**banjir**	[bandʒir]
riada (f)	**banjir**	[bandʒir]
desbordarse (vr)	**membanjiri**	[membandʒiri]
inundar (vt)	**membanjiri**	[membandʒiri]
bajo (m) arenoso	**beting**	[betiŋ]
rápido (m)	**jeram**	[dʒʲeram]
presa (f)	**dam, bendungan**	[dam], [benduŋan]
canal (m)	**kanal, terusan**	[kanal], [terusan]
lago (m) artificiale	**waduk**	[wadu']
esclusa (f)	**pintu air**	[pintu air]
cuerpo (m) de agua	**kolam**	[kolam]
pantano (m)	**rawa**	[rawa]
ciénaga (f)	**bencah, paya**	[bentʃah], [paja]
remolino (m)	**pusaran air**	[pusaran air]
arroyo (m)	**selokan**	[selokan]

potable (adj)	**minum**	[minum]
dulce (agua ~)	**tawar**	[tawar]
hielo (m)	**es**	[es]
helarse (el lago, etc.)	**membeku**	[membeku]

82. Los nombres de los ríos

Sena (m)	**Seine**	[seine]
Loira (m)	**Loire**	[loire]
Támesis (m)	**Thames**	[tems]
Rin (m)	**Rein**	[reyn]
Danubio (m)	**Donau**	[donau]
Volga (m)	**Volga**	[volga]
Don (m)	**Don**	[don]
Lena (m)	**Lena**	[lena]
Río (m) Amarillo	**Suang Kuning**	[suaŋ kuniŋ]
Río (m) Azul	**Yangtze**	[yaŋtze]
Mekong (m)	**Mekong**	[mekoŋ]
Ganges (m)	**Gangga**	[gaŋga]
Nilo (m)	**Sungai Nil**	[suŋaj nil]
Congo (m)	**Kongo**	[koŋo]
Okavango (m)	**Okavango**	[okavaŋo]
Zambeze (m)	**Zambezi**	[zambezi]
Limpopo (m)	**Limpopo**	[limpopo]
Misisipi (m)	**Mississippi**	[misisipi]

83. El bosque

bosque (m)	**hutan**	[hutan]
de bosque (adj)	**hutan**	[hutan]
espesura (f)	**hutan lebat**	[hutan lebat]
bosquecillo (m)	**hutan kecil**	[hutan ketʃil]
claro (m)	**pembukaan hutan**	[pembuka'an hutan]
maleza (f)	**semak belukar**	[sema' belukar]
matorral (m)	**belukar**	[belukar]
senda (f)	**jalan setapak**	[dʒɪalan setapa']
barranco (m)	**parit**	[parit]
árbol (m)	**pohon**	[pohon]
hoja (f)	**daun**	[daun]
follaje (m)	**daun-daunan**	[daun-daunan]
caída (f) de hojas	**daun berguguran**	[daun bərguguran]
caer (las hojas)	**luruh**	[luruh]

cima (f)	puncak	[puntʃaʔ]
rama (f)	cabang	[tʃabaŋ]
rama (f) (gruesa)	dahan	[dahan]
brote (m)	tunas	[tunas]
aguja (f)	daun jarum	[daun dʒ¡arum]
piña (f)	buah pinus	[buah pinus]

| agujero (m) | lubang pohon | [lubaŋ pohon] |
| nido (m) | sarang | [saraŋ] |

tronco (m)	batang	[bataŋ]
raíz (f)	akar	[akar]
corteza (f)	kulit	[kulit]
musgo (m)	lumut	[lumut]

extirpar (vt)	mencabut	[məntʃabut]
talar (vt)	menebang	[mənebaŋ]
deforestar (vt)	deforestasi, penggundulan hutan	[deforestasi], [peŋgundulan hutan]
tocón (m)	tunggul	[tuŋgul]

hoguera (f)	api unggun	[api uŋgun]
incendio (m) forestal	kebakaran hutan	[kebakaran hutan]
apagar (~ el incendio)	memadamkan	[memadamkan]

guarda (m) forestal	penjaga hutan	[pendʒ¡aga hutan]
protección (f)	perlindungan	[pərlinduŋan]
proteger (vt)	melindungi	[melinduŋi]
cazador (m) furtivo	pemburu ilegal	[pemburu ilegal]
cepo (m)	perangkap	[pəraŋkap]

| recoger (setas, bayas) | memetik | [memetiʔ] |
| perderse (vr) | tersesat | [tərsesat] |

84. Los recursos naturales

recursos (m pl) naturales	sumber daya alam	[sumber daja alam]
recursos (m pl) subterráneos	bahan tambang	[bahan tambaŋ]
depósitos (m pl)	endapan	[endapan]
yacimiento (m)	ladang	[ladaŋ]

extraer (vt)	menambang	[mənambaŋ]
extracción (f)	pertambangan	[pərtambaŋan]
mena (f)	bijih	[bidʒih]
mina (f)	tambang	[tambaŋ]
pozo (m) de mina	sumur tambang	[sumur tambaŋ]
minero (m)	penambang	[penambaŋ]

| gas (m) | gas | [gas] |
| gasoducto (m) | pipa saluran gas | [pipa saluran gas] |

petróleo (m)	petroleum, minyak	[petroleum], [minjaʔ]
oleoducto (m)	pipa saluran minyak	[pipa saluran minjaʔ]
pozo (m) de petróleo	sumur minyak	[sumur minjaʔ]

| torre (f) de sondeo | menara bor minyak | [mənara bor minja'] |
| petrolero (m) | kapal tangki | [kapal taŋki] |

arena (f)	pasir	[pasir]
caliza (f)	batu kapur	[batu kapur]
grava (f)	kerikil	[kerikil]
turba (f)	gambut	[gambut]
arcilla (f)	tanah liat	[tanah liat]
carbón (m)	arang	[araŋ]

hierro (m)	besi	[besi]
oro (m)	emas	[emas]
plata (f)	perak	[pera']
níquel (m)	nikel	[nikel]
cobre (m)	tembaga	[tembaga]

zinc (m)	seng	[seŋ]
manganeso (m)	mangan	[maŋan]
mercurio (m)	air raksa	[air raksa]
plomo (m)	timbal	[timbal]

mineral (m)	mineral	[mineral]
cristal (m)	kristal, hablur	[kristal], [hablur]
mármol (m)	marmer	[marmer]
uranio (m)	uranium	[uranium]

85. El tiempo

tiempo (m)	cuaca	[tʃuatʃa]
previsión (f) del tiempo	prakiraan cuaca	[prakira'an tʃuatʃa]
temperatura (f)	temperatur, suhu	[temperatur], [suhu]
termómetro (m)	termometer	[tərmometər]
barómetro (m)	barometer	[barometer]

| húmedo (adj) | lembap | [lembap] |
| humedad (f) | kelembapan | [kelembapan] |

bochorno (m)	panas, gerah	[panas], [gerah]
tórrido (adj)	panas terik	[panas təri']
hace mucho calor	panas	[panas]

| hace calor (templado) | hangat | [haŋat] |
| templado (adj) | hangat | [haŋat] |

| hace frío | dingin | [diŋin] |
| frío (adj) | dingin | [diŋin] |

sol (m)	matahari	[matahari]
brillar (vi)	bersinar	[bərsinar]
soleado (un día ~)	cerah	[tʃerah]
elevarse (el sol)	terbit	[terbit]
ponerse (vr)	terbenam	[tərbenam]
nube (f)	awan	[awan]
nuboso (adj)	berawan	[bərawan]

nubarrón (m)	awan mendung	[awan menduŋ]
nublado (adj)	mendung	[menduŋ]
lluvia (f)	hujan	[hudʒʲan]
está lloviendo	hujan turun	[hudʒʲan turun]
lluvioso (adj)	hujan	[hudʒʲan]
lloviznar (vi)	gerimis	[gerimis]
aguacero (m)	hujan lebat	[hudʒʲan lebat]
chaparrón (m)	hujan lebat	[hudʒʲan lebat]
fuerte (la lluvia ~)	lebat	[lebat]
charco (m)	kubangan	[kubaŋan]
mojarse (vr)	kehujanan	[kehudʒʲanan]
niebla (f)	kabut	[kabut]
nebuloso (adj)	berkabut	[bərkabut]
nieve (f)	salju	[saldʒʲu]
está nevando	turun salju	[turun saldʒʲu]

86. Los eventos climáticos severos. Los desastres naturales

tormenta (f)	hujan badai	[hudʒʲan badaj]
relámpago (m)	kilat	[kilat]
relampaguear (vi)	berkilau	[bərkilau]
trueno (m)	petir	[petir]
tronar (vi)	bergemuruh	[bərgemuruh]
está tronando	bergemuruh	[bərgemuruh]
granizo (m)	hujan es	[hudʒʲan es]
está granizando	hujan es	[hudʒʲan es]
inundar (vt)	membanjiri	[membandʒiri]
inundación (f)	banjir	[bandʒir]
terremoto (m)	gempa bumi	[gempa bumi]
sacudida (f)	gempa	[gempa]
epicentro (m)	episentrum	[episentrum]
erupción (f)	erupsi, letusan	[erupsi], [letusan]
lava (f)	lava, lahar	[lava], [lahar]
torbellino (m)	puting beliung	[putiŋ beliuŋ]
tornado (m)	tornado	[tornado]
tifón (m)	topan	[topan]
huracán (m)	topan	[topan]
tempestad (f)	badai	[badaj]
tsunami (m)	tsunami	[tsunami]
ciclón (m)	siklon	[siklon]
mal tiempo (m)	cuaca buruk	[tʃuatʃa buru']
incendio (m)	kebakaran	[kebakaran]
catástrofe (f)	bencana	[bentʃana]

meteorito (m)	**meteorit**	[meteorit]
avalancha (f)	**longsor**	[loŋsor]
alud (m) de nieve	**salju longsor**	[saldʒʲu loŋsor]
ventisca (f)	**badai salju**	[badaj saldʒʲu]
nevasca (f)	**badai salju**	[badaj saldʒʲu]

LA FAUNA

87. Los mamíferos. Los predadores

carnívoro (m)	predator, pemangsa	[predator], [pemaŋsa]
tigre (m)	harimau	[harimau]
león (m)	singa	[siŋa]
lobo (m)	serigala	[serigala]
zorro (m)	rubah	[rubah]
jaguar (m)	jaguar	[dʒ'aguar]
leopardo (m)	leopard, macan tutul	[leopard], [matʃan tutul]
guepardo (m)	cheetah	[tʃeetah]
pantera (f)	harimau kumbang	[harimau kumbaŋ]
puma (f)	singa gunung	[siŋa gunuŋ]
leopardo (m) de las nieves	harimau bintang salju	[harimau bintaŋ saldʒ'u]
lince (m)	lynx	[links]
coyote (m)	koyote	[koyot]
chacal (m)	jakal	[dʒ'akal]
hiena (f)	hiena	[hiena]

88. Los animales salvajes

animal (m)	binatang	[binataŋ]
bestia (f)	binatang buas	[binataŋ buas]
ardilla (f)	bajing	[badʒiŋ]
erizo (m)	landak susu	[landa' susu]
liebre (f)	terwelu	[tərwelu]
conejo (m)	kelinci	[kelintʃi]
tejón (m)	luak	[lua']
mapache (m)	rakun	[rakun]
hámster (m)	hamster	[hamster]
marmota (f)	marmut	[marmut]
topo (m)	tikus mondok	[tikus mondo']
ratón (m)	tikus	[tikus]
rata (f)	tikus besar	[tikus besar]
murciélago (m)	kelelawar	[kelelawar]
armiño (m)	ermin	[ermin]
cebellina (f)	sabel	[sabel]
marta (f)	marten	[marten]
comadreja (f)	musang	[musaŋ]
visón (m)	cerpelai	[tʃerpelaj]

| castor (m) | beaver | [beaver] |
| nutria (f) | berang-berang | [bəraŋ-bəraŋ] |

caballo (m)	kuda	[kuda]
alce (m)	rusa besar	[rusa besar]
ciervo (m)	rusa	[rusa]
camello (m)	unta	[unta]

bisonte (m)	bison	[bison]
uro (m)	aurochs	[oroks]
búfalo (m)	kerbau	[kerbau]

cebra (f)	kuda belang	[kuda belaŋ]
antílope (m)	antelop	[antelop]
corzo (m)	kijang	[kidʒɩaŋ]
gamo (m)	rusa	[rusa]
gamuza (f)	chamois	[ʃemva]
jabalí (m)	babi hutan jantan	[babi hutan dʒɩantan]

ballena (f)	ikan paus	[ikan paus]
foca (f)	anjing laut	[andʒiŋ laut]
morsa (f)	walrus	[walrus]
oso (m) marino	anjing laut berbulu	[andʒiŋ laut bərbulu]
delfín (m)	lumba-lumba	[lumba-lumba]

oso (m)	beruang	[bəruaŋ]
oso (m) blanco	beruang kutub	[bəruaŋ kutub]
panda (f)	panda	[panda]

mono (m)	monyet	[monjet]
chimpancé (m)	simpanse	[simpanse]
orangután (m)	orang utan	[oraŋ utan]
gorila (m)	gorila	[gorila]
macaco (m)	kera	[kera]
gibón (m)	siamang, ungka	[siamaŋ], [uŋka]

elefante (m)	gajah	[gadʒɩah]
rinoceronte (m)	badak	[badaʔ]
jirafa (f)	jerapah	[dʒɩerapah]
hipopótamo (m)	kuda nil	[kuda nil]

| canguro (m) | kanguru | [kaŋuru] |
| koala (f) | koala | [koala] |

mangosta (f)	garangan	[garaŋan]
chinchilla (f)	chinchilla	[tʃintʃilla]
mofeta (f)	sigung	[siguŋ]
espín (m)	landak	[landaʔ]

89. Los animales domésticos

gata (f)	kucing betina	[kutʃiŋ betina]
gato (m)	kucing jantan	[kutʃiŋ dʒɩantan]
perro (m)	anjing	[andʒiŋ]

caballo (m)	kuda	[kuda]
garañón (m)	kuda jantan	[kuda dʒʲantan]
yegua (f)	kuda betina	[kuda betina]

vaca (f)	sapi	[sapi]
toro (m)	sapi jantan	[sapi dʒʲantan]
buey (m)	lembu jantan	[lembu dʒʲantan]

oveja (f)	domba	[domba]
carnero (m)	domba jantan	[domba dʒʲantan]
cabra (f)	kambing betina	[kambiŋ betina]
cabrón (m)	kambing jantan	[kambiŋ dʒʲantan]

| asno (m) | keledai | [keledaj] |
| mulo (m) | bagal | [bagal] |

cerdo (m)	babi	[babi]
cerdito (m)	anak babi	[anaʔ babi]
conejo (m)	kelinci	[kelintʃi]

| gallina (f) | ayam betina | [ajam betina] |
| gallo (m) | ayam jago | [ajam dʒʲago] |

pato (m)	bebek	[bebeʔ]
ánade (m)	bebek jantan	[bebeʔ dʒʲantan]
ganso (m)	angsa	[aŋsa]

| pavo (m) | kalkun jantan | [kalkun dʒʲantan] |
| pava (f) | kalkun betina | [kalkun betina] |

animales (m pl) domésticos	binatang piaraan	[binataŋ piaraʔan]
domesticado (adj)	jinak	[dʒinaʔ]
domesticar (vt)	menjinakkan	[mǝndʒina'kan]
criar (vt)	membiakkan	[membia'kan]

granja (f)	peternakan	[peternakan]
aves (f pl) de corral	unggas	[uŋgas]
ganado (m)	ternak	[ternaʔ]
rebaño (m)	kawanan	[kawanan]

caballeriza (f)	kandang kuda	[kandaŋ kuda]
porqueriza (f)	kandang babi	[kandaŋ babi]
vaquería (f)	kandang sapi	[kandaŋ sapi]
conejal (m)	sangkar kelinci	[saŋkar kelintʃi]
gallinero (m)	kandang ayam	[kandaŋ ajam]

90. Los pájaros

pájaro (m)	burung	[buruŋ]
paloma (f)	burung dara	[buruŋ dara]
gorrión (m)	burung gereja	[buruŋ geredʒʲa]
carbonero (m)	burung tit	[buruŋ tit]
urraca (f)	burung murai	[buruŋ muraj]
cuervo (m)	burung raven	[buruŋ raven]

corneja (f)	burung gagak	[buruŋ gagaˀ]
chova (f)	burung gagak kecil	[buruŋ gagaˀ ketʃil]
grajo (m)	burung rook	[buruŋ rooˀ]

pato (m)	bebek	[bebeˀ]
ganso (m)	angsa	[aŋsa]
faisán (m)	burung kuau	[buruŋ kuau]

águila (f)	rajawali	[radʒʲawali]
azor (m)	elang	[elaŋ]
halcón (m)	alap-alap	[alap-alap]
buitre (m)	hering	[heriŋ]
cóndor (m)	kondor	[kondor]

cisne (m)	angsa	[aŋsa]
grulla (f)	burung jenjang	[buruŋ dʒʲendʒʲaŋ]
cigüeña (f)	bangau	[baŋau]

loro (m), papagayo (m)	burung nuri	[buruŋ nuri]
colibrí (m)	burung kolibri	[buruŋ kolibri]
pavo (m) real	burung merak	[buruŋ meraˀ]

avestruz (m)	burung unta	[buruŋ unta]
garza (f)	kuntul	[kuntul]
flamenco (m)	burung flamingo	[buruŋ flamiŋo]
pelícano (m)	pelikan	[pelikan]

| ruiseñor (m) | burung bulbul | [buruŋ bulbul] |
| golondrina (f) | burung walet | [buruŋ walet] |

tordo (m)	burung jalak	[buruŋ dʒʲalaˀ]
zorzal (m)	burung jalak suren	[buruŋ dʒʲalaˀ suren]
mirlo (m)	burung jalak hitam	[buruŋ dʒʲalaˀ hitam]

vencejo (m)	burung apus-apus	[buruŋ apus-apus]
alondra (f)	burung lark	[buruŋ larˀ]
codorniz (f)	burung puyuh	[buruŋ puyuh]

pájaro carpintero (m)	burung pelatuk	[buruŋ pelatuˀ]
cuco (m)	burung kukuk	[buruŋ kukuˀ]
lechuza (f)	burung hantu	[buruŋ hantu]
búho (m)	burung hantu bertanduk	[buruŋ hantu bertanduˀ]
urogallo (m)	burung murai kayu	[buruŋ muraj kaju]
gallo lira (m)	burung belibis hitam	[buruŋ belibis hitam]
perdiz (f)	ayam hutan	[ajam hutan]

estornino (m)	burung starling	[buruŋ starliŋ]
canario (m)	burung kenari	[buruŋ kenari]
ortega (f)	ayam hutan hazel	[ajam hutan hazel]

| pinzón (m) | burung chaffinch | [buruŋ tʃaffintʃ] |
| camachuelo (m) | burung bullfinch | [buruŋ bullfintʃ] |

gaviota (f)	burung camar	[buruŋ tʃamar]
albatros (m)	albatros	[albatros]
pingüino (m)	penguin	[peŋuin]

91. Los peces. Los animales marinos

brema (f)	ikan bream	[ikan bream]
carpa (f)	ikan karper	[ikan karper]
perca (f)	ikan tilapia	[ikan tilapia]
siluro (m)	lais junggang	[lajs dʒ'uŋgaŋ]
lucio (m)	ikan pike	[ikan paik]
salmón (m)	salmon	[salmon]
esturión (m)	ikan sturgeon	[ikan sturdʒ'en]
arenque (m)	ikan haring	[ikan hariŋ]
salmón (m) del Atlántico	ikan salem	[ikan salem]
caballa (f)	ikan kembung	[ikan kembuŋ]
lenguado (m)	ikan sebelah	[ikan sebelah]
lucioperca (f)	ikan seligi tenggeran	[ikan seligi teŋgeran]
bacalao (m)	ikan kod	[ikan kod]
atún (m)	tuna	[tuna]
trucha (f)	ikan forel	[ikan forel]
anguila (f)	belut	[belut]
raya (f) eléctrica	ikan pari listrik	[ikan pari listri']
morena (f)	belut moray	[belut morey]
piraña (f)	ikan piranha	[ikan piranha]
tiburón (m)	ikan hiu	[ikan hiu]
delfín (m)	lumba-lumba	[lumba-lumba]
ballena (f)	ikan paus	[ikan paus]
centolla (f)	kepiting	[kepitiŋ]
medusa (f)	ubur-ubur	[ubur-ubur]
pulpo (m)	gurita	[gurita]
estrella (f) de mar	bintang laut	[bintaŋ laut]
erizo (m) de mar	landak laut	[landa' laut]
caballito (m) de mar	kuda laut	[kuda laut]
ostra (f)	tiram	[tiram]
camarón (m)	udang	[udaŋ]
bogavante (m)	udang karang	[udaŋ karaŋ]
langosta (f)	lobster berduri	[lobster berduri]

92. Los anfibios. Los reptiles

serpiente (f)	ular	[ular]
venenoso (adj)	berbisa	[berbisa]
víbora (f)	ular viper	[ular viper]
cobra (f)	kobra	[kobra]
pitón (m)	ular sanca	[ular santʃa]
boa (f)	ular boa	[ular boa]
culebra (f)	ular tanah	[ular tanah]

| serpiente (m) de cascabel | ular derik | [ular deriʔ] |
| anaconda (f) | ular anakonda | [ular anakonda] |

lagarto (m)	kadal	[kadal]
iguana (f)	iguana	[iguana]
varano (m)	biawak	[biawaʔ]
salamandra (f)	salamander	[salamander]
camaleón (m)	bunglon	[buŋlon]
escorpión (m)	kalajengking	[kaladʒʲeŋkiŋ]

tortuga (f)	kura-kura	[kura-kura]
rana (f)	katak	[kataʔ]
sapo (m)	kodok	[kodoʔ]
cocodrilo (m)	buaya	[buaja]

93. Los insectos

insecto (m)	serangga	[seraŋga]
mariposa (f)	kupu-kupu	[kupu-kupu]
hormiga (f)	semut	[semut]
mosca (f)	lalat	[lalat]
mosquito (m) (picadura de ~)	nyamuk	[njamuʔ]
escarabajo (m)	kumbang	[kumbaŋ]

avispa (f)	tawon	[tawon]
abeja (f)	lebah	[lebah]
abejorro (m)	kumbang	[kumbaŋ]
moscardón (m)	lalat kerbau	[lalat kerbau]

| araña (f) | laba-laba | [laba-laba] |
| telaraña (f) | sarang laba-laba | [saraŋ laba-laba] |

libélula (f)	capung	[ʧapuŋ]
saltamontes (m)	belalang	[belalaŋ]
mariposa (f) nocturna	ngengat	[ŋeŋat]

cucaracha (f)	kecoa	[keʧoa]
garrapata (f)	kutu	[kutu]
pulga (f)	kutu loncat	[kutu lonʧat]
mosca (f) negra	agas	[agas]

langosta (f)	belalang	[belalaŋ]
caracol (m)	siput	[siput]
grillo (m)	jangkrik	[dʒʲaŋkriʔ]
luciérnaga (f)	kunang-kunang	[kunaŋ-kunaŋ]
mariquita (f)	kumbang koksi	[kumbaŋ koksi]
sanjuanero (m)	kumbang Cockchafer	[kumbaŋ kokʃafer]

sanguijuela (f)	lintah	[lintah]
oruga (f)	ulat	[ulat]
lombriz (m) de tierra	cacing	[ʧaʧiŋ]
larva (f)	larva	[larva]

LA FLORA

94. Los árboles

árbol (m)	pohon	[pohon]
foliáceo (adj)	daun luruh	[daun luruh]
conífero (adj)	pohon jarum	[pohon dʒⁱarum]
de hoja perenne	selalu hijau	[selalu hidʒⁱau]
manzano (m)	pohon apel	[pohon apel]
peral (m)	pohon pir	[pohon pir]
cerezo (m)	pohon ceri manis	[pohon tʃeri manis]
guindo (m)	pohon ceri asam	[pohon tʃeri asam]
ciruelo (m)	pohon plum	[pohon plum]
abedul (m)	pohon berk	[pohon bərʔ]
roble (m)	pohon eik	[pohon eiʔ]
tilo (m)	pohon linden	[pohon linden]
pobo (m)	pohon aspen	[pohon aspen]
arce (m)	pohon mapel	[pohon mapel]
pícea (f)	pohon den	[pohon den]
pino (m)	pohon pinus	[pohon pinus]
alerce (m)	pohon larch	[pohon lartʃ]
abeto (m)	pohon fir	[pohon fir]
cedro (m)	pohon aras	[pohon aras]
álamo (m)	pohon poplar	[pohon poplar]
serbal (m)	pohon rowan	[pohon rowan]
sauce (m)	pohon dedalu	[pohon dedalu]
aliso (m)	pohon alder	[pohon alder]
haya (f)	pohon nothofagus	[pohon notofagus]
olmo (m)	pohon elm	[pohon elm]
fresno (m)	pohon abu	[pohon abu]
castaño (m)	kastanye	[kastanje]
magnolia (f)	magnolia	[magnolia]
palmera (f)	palem	[palem]
ciprés (m)	pokok cipres	[pokoʼ sipres]
mangle (m)	bakau	[bakau]
baobab (m)	baobab	[baobab]
eucalipto (m)	kayu putih	[kaju putih]
secoya (f)	sequoia	[sekuoia]

95. Los arbustos

mata (f)	rumpun	[rumpun]
arbusto (m)	semak	[semaʔ]

vid (f)	pohon anggur	[pohon aŋgur]
viñedo (m)	kebun anggur	[kebun aŋgur]
frambueso (m)	pohon frambus	[pohon frambus]
grosellero (m) negro	pohon blackcurrant	[pohon bleʔkaren]
grosellero (m) rojo	pohon redcurrant	[pohon redkaren]
grosellero (m) espinoso	pohon arbei hijau	[pohon arbei hidʒⁱau]
acacia (f)	pohon akasia	[pohon akasia]
berberís (m)	pohon barberis	[pohon barberis]
jazmín (m)	melati	[melati]
enebro (m)	pohon juniper	[pohon dʒⁱuniper]
rosal (m)	pohon mawar	[pohon mawar]
escaramujo (m)	pohon mawar liar	[pohon mawar liar]

96. Las frutas. Las bayas

fruto (m)	buah	[buah]
frutos (m pl)	buah-buahan	[buah-buahan]
manzana (f)	apel	[apel]
pera (f)	pir	[pir]
ciruela (f)	plum	[plum]
fresa (f)	stroberi	[stroberi]
guinda (f)	buah ceri asam	[buah tʃeri asam]
cereza (f)	buah ceri manis	[buah tʃeri manis]
uva (f)	buah anggur	[buah aŋgur]
frambuesa (f)	buah frambus	[buah frambus]
grosella (f) negra	blackcurrant	[bleʔkaren]
grosella (f) roja	redcurrant	[redkaren]
grosella (f) espinosa	buah arbei hijau	[buah arbei hidʒⁱau]
arándano (m) agrio	buah kranberi	[buah kranberi]
naranja (f)	jeruk manis	[dʒⁱeruʔ manis]
mandarina (f)	jeruk mandarin	[dʒⁱeruʔ mandarin]
piña (f)	nanas	[nanas]
banana (f)	pisang	[pisaŋ]
dátil (m)	buah kurma	[buah kurma]
limón (m)	jeruk sitrun	[dʒⁱeruʔ sitrun]
albaricoque (m)	aprikot	[aprikot]
melocotón (m)	persik	[persiʔ]
kiwi (m)	kiwi	[kiwi]
toronja (f)	jeruk Bali	[dʒⁱeruʔ bali]
baya (f)	buah beri	[buah bəri]
bayas (f pl)	buah-buah beri	[buah-buah bəri]
arándano (m) rojo	buah cowberry	[buah kowberi]
fresa (f) silvestre	stroberi liar	[stroberi liar]
arándano (m)	buah bilberi	[buah bilberi]

97. Las flores. Las plantas

flor (f)	**bunga**	[buŋa]
ramo (m) de flores	**buket**	[buket]
rosa (f)	**mawar**	[mawar]
tulipán (m)	**tulip**	[tulip]
clavel (m)	**bunga anyelir**	[buŋa anjelir]
gladiolo (m)	**bunga gladiol**	[buŋa gladiol]
aciano (m)	**cornflower**	[kornflawa]
campanilla (f)	**bunga lonceng biru**	[buŋa lontʃeŋ biru]
diente (m) de león	**dandelion**	[dandelion]
manzanilla (f)	**bunga margrit**	[buŋa margrit]
áloe (m)	**lidah buaya**	[lidah buaja]
cacto (m)	**kaktus**	[kaktus]
ficus (m)	**pohon ara**	[pohon ara]
azucena (f)	**bunga lili**	[buŋa lili]
geranio (m)	**geranium**	[geranium]
jacinto (m)	**bunga bakung lembayung**	[buŋa bakuŋ lembajuŋ]
mimosa (f)	**putri malu**	[putri malu]
narciso (m)	**bunga narsis**	[buŋa narsis]
capuchina (f)	**bunga nasturtium**	[buŋa nasturtium]
orquídea (f)	**anggrek**	[aŋgreʔ]
peonía (f)	**bunga peoni**	[buŋa peoni]
violeta (f)	**bunga violet**	[buŋa violet]
trinitaria (f)	**bunga pansy**	[buŋa pansi]
nomeolvides (f)	**bunga jangan-lupakan-daku**	[buŋa dʒʲaŋan-lupakan-daku]
margarita (f)	**bunga desi**	[buŋa desi]
amapola (f)	**bunga madat**	[buŋa madat]
cáñamo (m)	**rami**	[rami]
menta (f)	**mint**	[min]
muguete (m)	**lili lembah**	[lili lembah]
campanilla (f) de las nieves	**bunga tetesan salju**	[buŋa tetesan saldʒʲu]
ortiga (f)	**jelatang**	[dʒʲelataŋ]
acedera (f)	**daun sorrel**	[daun sorrel]
nenúfar (m)	**lili air**	[lili air]
helecho (m)	**pakis**	[pakis]
liquen (m)	**lichen**	[litʃen]
invernadero (m) tropical	**rumah kaca**	[rumah katʃa]
césped (m)	**halaman berumput**	[halaman bərumput]
macizo (m) de flores	**bedeng bunga**	[bedeŋ buŋa]
planta (f)	**tumbuhan**	[tumbuhan]
hierba (f)	**rumput**	[rumput]

hoja (f) de hierba	**sehelai rumput**	[sehelaj rumput]
hoja (f)	**daun**	[daun]
pétalo (m)	**kelopak**	[kelopaʔ]
tallo (m)	**batang**	[bataŋ]
tubérculo (m)	**ubi**	[ubi]
retoño (m)	**tunas**	[tunas]
espina (f)	**duri**	[duri]
florecer (vi)	**berbunga**	[bərbuŋa]
marchitarse (vr)	**layu**	[laju]
olor (m)	**bau**	[bau]
cortar (vt)	**memotong**	[memotoŋ]
coger (una flor)	**memetik**	[memetiʔ]

98. Los cereales, los granos

grano (m)	**biji-bijian**	[biʤi-biʤian]
cereales (m pl) (plantas)	**padi-padian**	[padi-padian]
espiga (f)	**bulir**	[bulir]
trigo (m)	**gandum**	[gandum]
centeno (m)	**gandum hitam**	[gandum hitam]
avena (f)	**oat**	[oat]
mijo (m)	**jawawut**	[ʤ'awawut]
cebada (f)	**jelai**	[ʤ'elaj]
maíz (m)	**jagung**	[ʤ'aguŋ]
arroz (m)	**beras**	[beras]
alforfón (m)	**buckwheat**	[bakvit]
guisante (m)	**kacang polong**	[katʃaŋ poloŋ]
fréjol (m)	**kacang buncis**	[katʃaŋ buntʃis]
soya (f)	**kacang kedelai**	[katʃaŋ kedelaj]
lenteja (f)	**kacang lentil**	[katʃaŋ lentil]
habas (f pl)	**kacang-kacangan**	[katʃaŋ-katʃaŋan]

LOS PAÍSES

Afganistán (m)	**Afghanistan**	[afganistan]
Albania (f)	**Albania**	[albania]
Alemania (f)	**Jerman**	[dʒ'erman]
Arabia (f) Saudita	**Arab Saudi**	[arab saudi]
Argentina (f)	**Argentina**	[argentina]
Armenia (f)	**Armenia**	[armenia]
Australia (f)	**Australia**	[australia]
Austria (f)	**Austria**	[austria]
Azerbaiyán (m)	**Azerbaijan**	[azerbajdʒ'an]
Bangladesh (m)	**Bangladesh**	[baŋladeʃ]
Bélgica (f)	**Belgia**	[belgia]
Bielorrusia (f)	**Belarusia**	[belarusia]
Bolivia (f)	**Bolivia**	[bolivia]
Bosnia y Herzegovina	**Bosnia-Hercegovina**	[bosnia-hersegovina]
Brasil (m)	**Brasil**	[brasil]
Bulgaria (f)	**Bulgaria**	[bulgaria]
Camboya (f)	**Kamboja**	[kambodʒ'a]
Canadá (f)	**Kanada**	[kanada]
Chequia (f)	**Republik Ceko**	[republi' tʃeko]
Chile (m)	**Chili**	[tʃili]
China (f)	**Tiongkok**	[tjoŋko']
Chipre (m)	**Siprus**	[siprus]
Colombia (f)	**Kolombia**	[kolombia]
Corea (f) del Norte	**Korea Utara**	[korea utara]
Corea (f) del Sur	**Korea Selatan**	[korea selatan]
Croacia (f)	**Kroasia**	[kroasia]
Cuba (f)	**Kuba**	[kuba]
Dinamarca (f)	**Denmark**	[denmar']
Ecuador (m)	**Ekuador**	[ekuador]
Egipto (m)	**Mesir**	[mesir]
Emiratos (m pl) Árabes Unidos	**Uni Emirat Arab**	[uni emirat arab]
Escocia (f)	**Skotlandia**	[skotlandia]
Eslovaquia (f)	**Slowakia**	[slowakia]
Eslovenia	**Slovenia**	[slovenia]
España (f)	**Spanyol**	[spanjol]
Estados Unidos de América (m pl)	**Amerika Serikat**	[amerika serikat]
Estonia (f)	**Estonia**	[estonia]
Finlandia (f)	**Finlandia**	[finlandia]
Francia (f)	**Prancis**	[prantʃis]

100. Los países. Unidad 2

Georgia (f)	Georgia	[dʒordʒia]
Ghana (f)	Ghana	[gana]
Gran Bretaña (f)	Britania Raya	[britania raja]
Grecia (f)	Yunani	[yunani]
Haití (m)	Haiti	[haiti]
Hungría (f)	Hongaria	[hoŋaria]
India (f)	India	[india]
Indonesia (f)	Indonesia	[indonesia]
Inglaterra (f)	Inggris	[iŋgris]
Irak (m)	Irak	[iraʔ]
Irán (m)	Iran	[iran]
Irlanda (f)	Irlandia	[irlandia]
Islandia (f)	Islandia	[islandia]
Islas (f pl) Bahamas	Kepulauan Bahama	[kepulauan bahama]
Israel (m)	Israel	[israel]
Italia (f)	Italia	[italia]
Jamaica (f)	Jamaika	[dʒˈamajka]
Japón (m)	Jepang	[dʒˈepaŋ]
Jordania (f)	Yordania	[yordania]
Kazajstán (m)	Kazakistan	[kazakstan]
Kenia (f)	Kenya	[kenia]
Kirguizistán (m)	Kirgizia	[kirgizia]
Kuwait (m)	Kuwait	[kuweyt]
Laos (m)	Laos	[laos]
Letonia (f)	Latvia	[latvia]
Líbano (m)	Lebanon	[lebanon]
Libia (f)	Libia	[libia]
Liechtenstein (m)	Liechtenstein	[lajhtensteyn]
Lituania (f)	Lituania	[lituania]
Luxemburgo (m)	Luksemburg	[luksemburg]
Macedonia	Makedonia	[makedonia]
Madagascar (m)	Madagaskar	[madagaskar]
Malasia (f)	Malaysia	[malajsia]
Malta (f)	Malta	[malta]
Marruecos (m)	Maroko	[maroko]
Méjico (m)	Meksiko	[meksiko]
Moldavia (f)	Moldova	[moldova]
Mónaco (m)	Monako	[monako]
Mongolia (f)	Mongolia	[moŋolia]
Montenegro (m)	Montenegro	[montenegro]
Myanmar (m)	Myanmar	[myanmar]

101. Los países. Unidad 3

| Namibia (f) | Namibia | [namibia] |
| Nepal (m) | Nepal | [nepal] |

Noruega (f)	**Norwegia**	[norwegia]
Nueva Zelanda (f)	**Selandia Baru**	[selandia baru]
Países Bajos (m pl)	**Belanda**	[belanda]
Pakistán (m)	**Pakistan**	[pakistan]
Palestina (f)	**Palestina**	[palestina]
Panamá (f)	**Panama**	[panama]
Paraguay (m)	**Paraguay**	[paraguaj]
Perú (m)	**Peru**	[peru]
Polinesia (f) Francesa	**Polinesia Prancis**	[polinesia prantʃis]
Polonia (f)	**Polandia**	[polandia]
Portugal (m)	**Portugal**	[portugal]
República (f) Dominicana	**Republik Dominika**	[republiʔ dominika]
República (f) Sudafricana	**Afrika Selatan**	[afrika selatan]
Rumania (f)	**Romania**	[romania]
Rusia (f)	**Rusia**	[rusia]
Senegal (m)	**Senegal**	[senegal]
Serbia (f)	**Serbia**	[serbia]
Siria (f)	**Suriah**	[suriah]
Suecia (f)	**Swedia**	[swedia]
Suiza (f)	**Swiss**	[swiss]
Surinam (m)	**Suriname**	[suriname]
Tayikistán (m)	**Tajikistan**	[tadʒikistan]
Tailandia (f)	**Thailand**	[tajland]
Taiwán (m)	**Taiwan**	[tajwan]
Tanzania (f)	**Tanzania**	[tanzania]
Tasmania (f)	**Tasmania**	[tasmania]
Túnez (m)	**Tunisia**	[tunisia]
Turkmenistán (m)	**Turkmenistan**	[turkmenistan]
Turquía (f)	**Turki**	[turki]
Ucrania (f)	**Ukraina**	[ukrajna]
Uruguay (m)	**Uruguay**	[uruguaj]
Uzbekistán (m)	**Uzbekistan**	[uzbekistan]
Vaticano (m)	**Vatikan**	[vatikan]
Venezuela (f)	**Venezuela**	[venezuela]
Vietnam (m)	**Vietnam**	[vjetnam]
Zanzíbar (m)	**Zanzibar**	[zanzibar]